中國學術思想

研究輯刊

十五編

林慶彰 主編

第 14 冊

楊士勛《春秋穀梁傳注疏》之研究

陳秀玲 著

花木蘭文化出版社

國家圖書館出版品預行編目資料

楊士勛《春秋穀梁傳注疏》之研究／陳秀玲 著 — 初版 — 新
北市：花木蘭文化出版社，2013〔民 102〕
序 2+ 目 4+166 面；19×26 公分
（中國學術思想研究輯刊 十五編：第 14 冊）
ISBN：978-986-322-120-3（精裝）
1.（唐）楊士勛　2.穀梁傳　3.研究考訂
030.8　　　　　　　　　　　　　　　　　　102001951

ISBN-978-986-322-120-3

9 789863 221203

中國學術思想研究輯刊
十五編　第十四冊　　　　　　　　ISBN：978-986-322-120-3

楊士勛《春秋穀梁傳注疏》之研究

作　　者　陳秀玲
主　　編　林慶彰
總 編 輯　杜潔祥
出　　版　花木蘭文化出版社
發 行 所　花木蘭文化出版社
發 行 人　高小娟
聯絡地址　235 新北市中和區中安街七二號十三樓
　　　　　電話：02-2923-1455／傳眞：02-2923-1452
網　　址　http://www.huamulan.tw 信箱 sut81518@gmail.com
印　　刷　普羅文化出版廣告事業
封面設計　劉開工作室
初　　版　2013 年 3 月
定　　價　十五編 18 冊（精裝）新台幣 30,000 元

楊士勛《春秋穀梁傳注疏》之研究

陳秀玲　著

作者簡介

陳秀玲，聖約翰科技大學數位文藝系講師，中興大學中文研究所碩士後，曾任南榮技術學院共同科講師、新埔技術學院國文組教師，及聖約翰科技大學全人教育中心通識教育中心講師至今。授課內容：國文、現代散文欣賞及習作等。

提　　要

　　茲將本篇論述之要點，依各章節先後之次序，簡述於後：

　　第一章、緒論：首先說明本篇研究之動機與目的、方法與架構。其中有對穀梁學之古籍整理，與近人研究之成果，作概括性之簡述；其次是楊士勛生平述考－包括生卒年、仕職、師承、著作四項作考辨，及論楊氏注疏編撰之背景，前人論楊氏注疏之得失、評價。皆予以歸納綜理其條緒。

　　第二章、楊士勛《春秋穀梁傳注疏》之版本及其撰述方法：此章就形式與內容兩端，以論楊氏穀梁疏之所以成書。形式上首釋書名，次就古籍卷數、版本流傳作一探究；再就注疏內容，歸納楊氏編撰之寫作方法有六：為宗本范注、引本經傳文以疏范、兼取左公傳注、博采群書諸儒、引用舊說舊解及其他、融通他說、闕疑遺哲等。旨在對該書作全面性之觀照，期能展現楊氏注疏之基本理念焉。

　　第三章、楊氏疏對范注之疏正：筆者於三、四、五章以分析、舉證之法闡明楊氏對范注之疏正，有注文徵引之指明者，有對范注所訓釋經傳文字、名物、典章禮制與風俗、天文地理、草木及文意說解皆予以注疏；或就史實、書法傳例、范氏「甯所未詳」之疑處，予以申釋者；或有范氏所未注、注有謬誤者，皆予以補備及匡正，以見楊疏實所以濟范注之窮者也。

　　第四章、楊氏注疏對經傳之發明：凡為疏者，皆謹守疏不破注之原則，此為注疏者宜謹守者。然楊氏對范注穀梁經傳實亦有所闡發。本章就經傳義理之發明、經傳義例歸納之說解、文字訓詁及校勘、經史例之別諸項，皆予以折衷論述、闡揭，藉以闡明楊氏疏對穀梁之用心。

　　第五章、楊氏疏之駁疑傳及其他：楊氏疏以是非為斷，或駁疑傳之矛盾，或就左、公二傳注，駁其是非、較其同異；亦就諸家舊注之說，予以評駁、諟正，是其能超越於先儒者之處也。

　　第六章、楊氏疏之疏失：楊氏之宗范注而作疏，前人之評論毀譽者兼之，得失者參半，其得之者於本篇三四五章，可少窺其梗概；至於其疏失，本章所論有體制、經傳義理、義例、訓詁、考據之缺失者五項，亦舉證論述，考辨其謬失；雖然，楊氏疏亦不失為經學之一巨著也。

　　第七章、結論：說明楊氏穀梁傳疏之得失及其對經學之貢獻。末附附錄及主要參考書目。

自　序

　　夫經學，學術之本源也。群經之中，春秋一經，詮釋之者有三傳，歷代儒者率皆瘁力於斯，然廢興由其時之好惡，盛衰出乎學者之辯訥，致學風亦多所變矣。

　　三傳之中，穀梁之學向受忽略，孑然孤經，幾乏人探究；然其「善經」之美稱，未嘗以其注之者寡而掩也。至范甯集解出，則爲世所重，此穀梁學史之大事也。其後南北朝崇聖講經，而義疏出，眾說分歧，義理鋪展衍盛，故唐楊士勛得據六朝經疏，刪汰以成《春秋穀梁傳注疏》，百川匯流，融舊鑄新，上集漢詁之大成，總趨經義而歸宗，并下開宋代疑經之先路。此乃繼范注之穀梁學大作也。其於穀梁之訓釋，造功甚偉，爲宋修纂《春秋穀梁傳注疏》所據之底本。然楊氏生平，既史傳無載，後人遂不知其所處爲太宗抑或高宗之朝，寧不有憾；且其注疏，實承舊疏以成者，後人不明，輒稱其「自創」，此實有誣於楊氏疏矣。

　　此論文之撰作，乃欲辨明學術，考鏡諸家之說，爰推楊氏爲疏之由及其撰述之方法，論其內容之得失，并進以窺春秋穀梁之精釆，而藉之以裁斷楊疏之貢獻；亦勉己由此而奠定學術研究之基礎也。然聖學奧衍，經義難究，又常受限於資料不齊備、學養之不足，尤以時間倉促，雖勉力以赴，是知學術論文撰述之艱辛，與夫研究之不易也。其中錯謬疏漏不免，博雅君子，幸垂教焉。

　　是篇之撰，幸蒙業師江乾益教授之指導諟正，於此致謝。江師飽讀詩書，經學精湛，研討之際，如坐沐春風。又口試委員葉政欣、莊雅州教授之予以寶貴意見，及余於撰寫論文之際，家人、師長、同學之關心激勵。余衷心感荷，不可勝言也。

中華民國八十五年七月四日

陳秀玲　謹識於中興大學怡軒

目

次

自　序

第一章　緒　論 ……………………………………………… 1

　第一節　前　言 …………………………………………… 1

　　一、研究動機與目的 …………………………………… 1

　　二、研究方法與架構 …………………………………… 2

　第二節　楊士勛生平述考及其《春秋穀梁傳注疏》之
　　　　　編撰 ……………………………………………… 4

　　一、楊氏生平述考 ……………………………………… 4

　　二、楊氏注疏之編撰 …………………………………… 9

第二章　楊士勛《春秋穀梁傳注疏》之版本及其撰
　　　　述方法 …………………………………………… 21

　第一節　書名之釋義 …………………………………… 21

　第二節　卷數之別 ……………………………………… 23

　第三節　版本流傳 ……………………………………… 26

　第四節　楊氏疏之撰述方法 …………………………… 29

　　一、宗本范注 …………………………………………… 29

　　二、引本經傳注文疏范 ………………………………… 31

　　三、兼取左公傳注 ……………………………………… 32

　　四、博采群書諸儒 ……………………………………… 35

　　五、引用舊說舊解及其他 ……………………………… 37

　　　六、融通他說，闕疑遺哲 ……………………… 40

　第三章　楊氏疏對范注之疏正 …………………………… 43

　　第一節　對范注注文徵引之指明 ……………………… 43

　　　一、指明范注傳別例之所在者 ………………… 43

　　　二、指明范注以傳注傳者 ……………………… 44

　　　三、指明范注本諸左氏傳注者 ………………… 45

　　　四、指明范注本諸公羊傳注者 ………………… 46

　　　五、指明范注取諸群書者 ……………………… 48

　　　六、指明范注取諸諸儒者 ……………………… 49

　　第二節　對范注文辭訓釋之注疏 ……………………… 50

　　　一、對范注文字訓詁之注疏 …………………… 50

　　　二、對范注名物說解之注疏 …………………… 52

　　　三、對范注典章禮制與風俗之注疏 …………… 53

　　　四、對范注天文地理之注疏 …………………… 56

　　　五、對范注草木之注疏 ………………………… 57

　　　六、對范注文意說解之注疏 …………………… 57

　　第三節　對范注史實徵引之注疏 ……………………… 60

　　第四節　對范注發明書法傳例之注疏 ………………… 62

　　　一、就范注擇錄而疏之者 ……………………… 62

　　　二、楊疏引錄略例而疏之者 …………………… 63

　　第五節　對范氏所謂「甯所未詳」之注疏 …………… 64

　　　一、依范注明其由者 …………………………… 64

　　　二、楊疏據己意而疏之者 ……………………… 65

　　第六節　補匡范注之注疏 ……………………………… 66

　　　一、補范未注者 ………………………………… 66

　　　二、駁匡范注者 ………………………………… 68

　第四章　楊氏疏對經傳之發明 …………………………… 73

　　第一節　經傳義理之闡明 ……………………………… 74

　　　一、正名 ………………………………………… 74

　　　二、與霸 ………………………………………… 79

　　　三、尊王攘夷 …………………………………… 79

　　　四、辨內外 ……………………………………… 81

　　　五、崇賢 ………………………………………… 83

　　　　六、貴民重眾 ……………………………… 84
　　　　七、論諱 ………………………………………… 85
　　　第二節　經傳義例之發明 ………………………… 89
　　　　一、善歸納傳例之義 ……………………… 89
　　　　二、善取范氏例爲釋 ……………………… 90
　　　　三、善舉証及反推其他 …………………… 93
　　　　四、詳釋傳義例 ……………………………… 96
　　　　五、變例之釋 ………………………………… 97
　　　　六、重發傳者之釋 ………………………… 97
　　　第三節　經傳文字之訓詁 ………………………… 98
　　　　一、經傳文字之訓詁 ……………………… 98
　　　　二、釋天文地理 ……………………………… 101
　　　　三、釋人名氏姓 ……………………………… 103
　　　　四、名物之訓釋 ……………………………… 104
　　　　五、敘事考史之釋 ………………………… 105
　　　　六、說解文意 ………………………………… 106
　　　　七、校勘其文 ………………………………… 107
　　　第四節　穀梁解經方式之析論 …………………… 110
　　　　一、舉備見義 ………………………………… 110
　　　　二、舉重言輕 ………………………………… 111
　　　　三、省文相包 ………………………………… 111
　　　　四、互文相包 ………………………………… 112
　　　　五、論經史例 ………………………………… 112
　第五章　楊氏疏之駁傳及其他 ……………………… 115
　　　第一節　楊氏疏之駁疑傳 ………………………… 115
　　　　一、楊氏疏之駁傳 ………………………… 115
　　　　二、楊氏疏之疑傳 ………………………… 116
　　　第二節　楊氏疏辯駁左公傳注 …………………… 117
　　　　一、駁左氏傳注 ……………………………… 118
　　　　二、駁公羊傳注 ……………………………… 120
　　　　三、論辨三傳之異同 ……………………… 122
　　　第三節　楊疏駁評諸家舊注之說 ………………… 127
　　　　一、駁諸家舊注之說 ……………………… 127

　　　二、評諸家舊注之說 ………………………………… 131
　第六章　楊氏疏之疏失 ………………………………… 133
　　第一節　撰述體制之疏失 …………………………… 134
　　　一、作疏簡略欠備 ………………………………… 134
　　　二、作疏體例不一 ………………………………… 134
　　第二節　闡釋經傳義之疏失 ………………………… 135
　　第三節　闡發義例之疏失 …………………………… 136
　　　一、闡釋義例之失 ………………………………… 136
　　　二、拘傳例之失 …………………………………… 138
　　　三、釋重發傳例者之失 …………………………… 141
　　第四節　訓詁之疏失 ………………………………… 142
　　　一、不明聲韻 ……………………………………… 142
　　　二、不明古今通用字 ……………………………… 143
　　　三、不明字訓 ……………………………………… 143
　　　四、不究經傳文 …………………………………… 144
　　　五、直引諸家舊注爲釋之失 ……………………… 145
　　第五節　考據之疏失 ………………………………… 147
　　　一、徵引之疏失 …………………………………… 147
　　　二、范失而據其失 ………………………………… 148
　　　三、駁左公傳注之失 ……………………………… 151
　　　四、駁諸家舊注之失 ……………………………… 152
　　　五、融通他說之失 ………………………………… 153
　第七章　結　論 ………………………………………… 155
　附　錄 …………………………………………………… 157
　　一、春秋穀梁注疏合刊本之版本流傳表 …………… 157
　　二、春秋穀梁注疏引書群書表 ……………………… 158
　　三、各物衣飾圖 ……………………………………… 160
　主要參考書目 …………………………………………… 161

第一章　緒　論

　　本章「緒論」：第一節「前言」，說明筆者撰寫「楊士勛《春秋穀梁傳注疏》之研究」爲題之研究動機與目的、方法及架構；第二節「楊士勛生平及其《春秋穀梁傳注疏》之編撰」，首先述考楊氏之生存年代、仕職、師承及著作；其次明楊氏疏編撰之背景爲何？及前人評論之得失。此皆爲研究本題應先解決之問題。

第一節　前　言

一、研究動機與目的

　　欲了解中國優美傳統文化，須研究經學；在諸經之中，春秋一經，尤重專門之學。春秋一經而有三傳，三傳中穀梁之學一向受到忽略，歷代研究者少。皮錫瑞于《經學通論》曾云：「治穀梁者，先觀范解、楊疏及許桂林釋時月日例。」〔註1〕皮氏所謂楊疏即指楊士勛《春秋穀梁傳注疏》，爲唐敕修儒家經疏之一。此書上集漢詁之大成，下開宋代疑經之先路，內容平易近理、不深爲曲說，爲後人所肯定。在唐初取消紛雜學派，統一官學之情況下，能讓後代治經者「自名其學」，走出官學藩籬，而導宋學疑經之先路，此書乃爲一重要轉捩點，故值得研究。

　　而楊氏爲隋末唐初經學家，其生平事蹟已不可考，後代學者大半以爲其爲劉炫弟子，然而楊氏既是有師承，其注疏又如何可說是「自創」？故本文希冀能透過對楊士勛本人相關問題研究而釐清此類疑惑，如是方能對其注疏

〔註1〕皮錫瑞《經學通論》頁89。（臺灣商務印書館，民國78年10月臺五版）。

之作有其深刻之認識。

再者,穀梁傳本有「孤經絕學」之稱,向來乏人問津,是一門值得再開發之學問。從文獻上,回顧至目前〔註2〕,不管是古籍整理或是思想等內涵分析方面都嫌不夠徹底,故須予再發明、闡釋之工夫。故筆者願以「楊士勛《春秋穀梁傳注疏》之研究」企圖對此注疏作一較全面探討,以彰明春秋穀梁之精采處而闡明楊疏之貢獻,並藉此奠定自身學術研究之基礎。

二、研究方法與架構

為學當有法,此人人所知也。顧頡剛先生曾於《春秋研究案語》〔註3〕言今人治學方法:

> 蓋吾人為學,應備三種條件,求得豐富之材料,一也;就此材料同

〔註2〕 文獻回顧:穀梁學者歷來著述之檢索,可詳見王熙元《穀梁著述考微》其內容簡介作者,略考其書,可視為「提要」,民國以後,則可見王熙元〈六十年來之穀梁學〉(見《六十年來之國學》第四冊「經部第六篇:六十年來之穀梁學」,頁433,民國63年6月初,台北正中書局。)或林慶彰主編《中國經學研究目錄》(有二編,一是自民國初年至75年,頁634;二是民國76至81年,頁879,漢學研究中心出版。其收錄港、臺,大陸經學研究論文資料。)由〈六十年來之穀梁學〉所論述,內容分為注疏、考證、詰難、辨例、論說,大都承清末學術而來,如廖平《起起穀梁廢疾》、王闓運《穀梁申義》傾向義理論證及考證;民國六十年以後,則有多方發展,近來更是多元,古籍整理上,有藝文印書館出版《穀梁學彙編》是集歷來至清之著述,吾人無須在重篇巨帙中翻檢尋索,惜其未句讀,披覽仍不便;注釋上,薛安勤《春秋穀梁傳今註今譯》(西元1998年初版,商務印書館)雖無關宏旨,但便於閱讀,又有吳宏一《史傳散文》(桂冠圖書公司,西元1988年九初)、馬振亞、劉永勝《春秋穀梁傳釋讀》但其為選譯,欲使可讀報紙之人亦能讀古書,可視為普及讀物,近日十三經標點本亦將出爐(國立編譯館出版)古籍整理可謂稍有成就;然在研究、專論自王熙元《穀梁范注發微》後僅有吳連堂《春秋穀梁經傳補注研究》、劉瑞箏〈穀梁禮證述評〉(民國84年6月,師大國文學報二四期),如是可見對穀梁學等闡釋綜合研究,仍待有心人士從事之。近來穀梁學有朝專門分類研究之趨勢,如以「義例」而言,有高秋鳳〈穀梁時月例之盟例試探〉、周何〈穀梁會盟釋例〉、〈穀梁朝聘例釋〉、〈穀梁諱例釋義〉,或以社會禮俗角度研究當時社會生活文化,如浦偉忠〈春秋穀梁傳中的女子與婚姻〉;或以語言文字角度,如王海棻〈公羊傳、穀梁傳疑問詞語的比較研究〉、朱永平〈試析公羊傳、穀梁傳對語序的訓釋〉,如是有多元之探索,但聊聊數篇,相較左、公比例仍是微小。(以上論文未標出版年月者,可詳見林慶彰《中國經學研究目錄》)

〔註3〕 見蒲偉忠撰《春秋三傳之比較研究》之序(民國84年8月出版,文津出版社,大陸地區博士論文叢刊)。

異之點，爲之分類，貫以系統，二也；以精銳之眼外觀材料之全體，

内容材料之成分，使其涵義顯現，爲我所用，三也。

本篇研究方法擬分三方面進行，首先則求得豐富之材料。此可分爲三部分蒐集之，一爲楊氏生平問題：藉爲探究其編撰注疏之政治、學術背景爲何？二爲探討《春秋穀梁傳注疏》本身問題其書之流傳、卷數，及後人之評價爲何？三爲注疏內容之討論。本人於材料選擇上以藝文印書館所印「重刊宋本穀梁傳注疏附校勘記」〔註4〕爲主。並蒐集歷來相關資料，參以左氏、公羊二傳之說以融會貫通之。由於目前楊氏之疏尚未有點校本，故本篇研究只得由點斷句逗開始，細讀全文，再參考過去研究者之專論擬訂架構，筆者曾仿王熙元先生《范注穀梁發微》〔註5〕及吳連堂氏《春秋穀梁經傳補注研究》〔註6〕之體例擬定之，并就筆者所讀注疏之內容加以修正，將有關問題分類歸納整理，左右比較、前後貫通，再作綜合之探討。

而本文撰寫之架構：

第一章、緒論：首先說明本篇研究之動機、方法與程序及目的，其中有對穀梁學之文獻回顧，與近人研究之成果，作概括性之簡述；其次對楊士勛生平——包括生卒年、仕職、師承、著作四項作考辨，及論其注疏編撰之背景，并前人論楊氏注疏得失、評價等，皆予以歸納綜理其條緒。

第二章、楊士勛《春秋穀梁傳注疏》之版本及其撰述方法：此章就形式與內容兩端，以論楊氏穀梁疏之所以成書。形式上首釋書名，次就古籍卷數、版本流傳作一探究；再就注疏內容，歸納楊氏編撰之寫作方法有六：爲宗本范注、引本經傳文以疏范、兼取左公傳注、博采群書諸儒、引用舊說舊解及其他、融通他說、闕疑遺哲等。旨在對該書作全面性之觀照，期能得楊氏注疏之基本理念焉。

第三章、楊氏疏對范注之疏正：筆者於此章以分析、舉證之法，闡明楊氏對范注之疏正，有注文徵引之指明者，有對范注所訓釋經傳文字、名物、

〔註4〕《十三經注疏》之七《穀梁傳注疏》（台北：藝文印書館影印嘉慶二十年江西南昌府學開雕阮刊本附校勘記，民國82年9月十二刷）按：凡引文末有【卷□，頁□／p.□】之記號，表以之阮刻本卷數、頁碼及總頁數。

〔註5〕王熙元《范注穀梁發微》（國立臺灣師範大學國文研究所博士論文，民國69年6月，嘉新水泥公司文化基金會研究論文第二百七十種。

〔註6〕吳連堂《春秋穀梁經傳補注研究》（國立高雄師範大學國文研究所碩士論文，民國76年6月）。

典章禮制與禮俗、天文地理及文意說解皆予以注疏；或就史實、書法傳例、范氏所謂「甯所未詳」之疑處，予以申釋者；或有范氏所未注、注有謬誤者，皆予以補備及匡正，以見楊疏實所以濟范注之窮者也。

第四章、楊氏注疏對經傳之發明：凡為疏者，皆謹守疏不破注之原則，此為注疏者宜謹守者。然楊氏對范注穀梁經傳，實亦有所闡發。本篇之於經傳義理之闡明、經傳義例之發明、經傳文字之訓詁、解經方式之析論等諸項，皆予以折衷論述，藉以闡明楊氏疏對穀梁經傳之貢獻。

第五章、楊氏疏之駁疑傳及其他：作疏者向不破注，作注者則不破傳，乃先儒之通例。然楊氏輒以是非為斷，或駁疑傳之矛盾，又頗就左、公二傳注，較其同異之由，辯駁其是非；亦或就諸家舊注之說，予以評駁、匡正，此亦是楊疏能超越於先儒者也。

第六章、楊氏疏之疏失：楊氏之宗范注而作疏，前人之評論毀譽者兼之，得失者參半，其得之者於本篇三、四、五章，可少窺其梗概；至於其疏失之處，本篇亦舉證論述，考辨其謬失，有體制、經義、義例、訓詁、考據等五項缺失，雖然如此，楊氏疏仍不失為經學之一巨著也。

第七章、結論：說明楊氏疏之得失及其對經學之貢獻。末附主要參考書目。

第二節　楊士勛生平述考及其《春秋穀梁傳注疏》之編撰

一、楊氏生平述考

楊士勛其人，新、舊唐書皆無傳，其生平事蹟已不可詳考。此處僅就楊氏生存年代、仕職、師承、著作等問題加以考證論述，以期對楊氏略能有所瞭解。

（一）年　代

關於楊士勛生存年代，有二說：一是《四庫提要·春秋穀梁經傳注疏》〔註7〕云：

> 士勛始末不可考，孔穎達《左傳正義·序》稱與「故四門博士楊士

〔註7〕《春秋穀梁傳注疏》前附提要，頁1（民國82年9月十二刷，台北：藝文印書館影印嘉慶二十年江西南昌府開雕《重刊宋本十三經注疏附校勘記》阮刊本。）

勖」參定，則亦貞觀中人。

《提要》據《左傳正義・序》定楊士勖爲唐太宗貞觀人。二是日人瀧熊之助所著《支那經學概說》第六章第二節《唐經學者表》將楊士勖列於「高宗」朝。〔註8〕今考孔穎達《左傳正義・序》〔註9〕云：

> 今奉敕刪定，據以爲本，其有疏漏，以沈氏補焉。若兩義俱違，則特申短見。雖課率庸鄙，仍不敢自專，謹與朝請大夫國子博士臣谷那律、故四門博士臣楊士勖、四門博士臣朱長才等共參定。至十六年，又奉敕與前脩疏人及朝散大夫行大學博士上騎都尉臣馬嘉運、朝散大夫行大學博士上騎都尉臣王德韶、給事郎守四門博士上騎者尉臣蘇德融、登仕郎守大學助教雲騎尉臣隨德素等對，敕使趙弘智覆更詳審，爲之正義，凡三十六卷。冀貽諸學者，以裨萬一焉。

按：孔氏此稱「故四門博士臣楊士勖」，則其爲序之時，楊士勖當已卒矣。而《五經正義》諸序皆未題年月，故此序其撰作年代可由《舊唐書・孔穎達傳》〔註10〕得知，傳云：

> 先是，與顏師古、司馬才章、王恭、王琰等諸儒詔撰定《五經義訓》，凡一八○卷，名曰《五經正義》。太宗下詔曰：「卿等博綜古今，義理該洽，考前儒之異說，符聖人之幽旨，實爲不朽。」付國子監施行，賜穎達物三百段。時又有太學博士馬嘉運駁孔穎達所撰《正義》；詔更令詳，功竟未就。十七年以年老致仕……二十二年卒。

孔氏於貞觀十七年致仕，則《五經正義・序》當作於此年之前，前序已提「至十六年」可知此序約作於貞觀十六年（西元 624 年），則楊士勖之卒不得晚於此年。由此可知楊氏是貞觀時人，非高宗朝，瀧熊之助氏之說不可據也。

（二）仕　職

《四庫提要》：前稱「四門博士」，而於《監本附音春秋穀梁傳注疏・序》下題「國子四門助教」〔註11〕；《崇文總目》〔註12〕、《直齋書錄解題》

〔註8〕　轉引自：張寶三〈楊士勖及其穀梁傳疏相關舊說考辨〉，第二屆唐代文化研討會民國83年10月。

〔註9〕　《附釋音春秋左傳注疏》頁1，（民國82年9月十二刷，台北：藝文印書館影印嘉慶二十年江西南昌府開雕《重刊宋本十三經注疏附校勘記》阮刊本）。

〔註10〕見《舊唐書・孔穎達傳》頁2602至2603（民國68年台北鼎文書局影印點校本初版）。

〔註11〕頁3，（台北：藝文印書館影印嘉慶二十年江西南昌府開雕《重刊宋本十三經

〔註 13〕亦題「國子四門助教」;《郡齋讀書誌・附志》;「士勛官至國子四門助教」〔註 14〕。由上所述,可知楊士勛曾任國子四門助教〔註 15〕及博士。助教其職爲協助國子祭酒博士教授生徒,傳授儒家經學,猶今公私立大學之助教協助教授從事教學之工作。

(三)師　承

在清柳興恩《穀梁大義述》卷十六〈述經師・晉至唐〉,劉炫條下〔註 16〕云:

> 穀梁傳衣裳之會十有一,兵車之會四,楊疏引先師劉炫云據稱先師,
>
> 知士勛爲炫之弟子……

又同書卷十七《述經師・唐》楊士勛〔註 17〕項下云:

> 今案僖公二十有七年同盟于幽(愚案:柳誤。僖公二十七年無此文,
>
> 此乃莊公二十七年之文)疏引先師劉炫,則士勛者劉光伯之徒也。

按:劉炫字光伯,柳興恩以爲楊士勛乃隋儒劉炫弟子,今之學者潘重規、簡博賢、王熙元諸先生〔註 18〕亦據此如同其說,但張寶三氏〈楊士勛及其穀梁舊說考辨〉一文中曾辨「先師」一辭之義,言其有前輩、老師或先世賢者之意,非僅稱已故之師而已。其引楊氏疏云:

> 「衣裳之會十有一」者,謂從北杏至葵丘也。《論語》稱「九合諸侯」
>
> 者,貫與陽穀二會,管仲不欲,故去衣裳之會十有一者,謂從北杏
>
> 至葵丘也。《論語》稱「九合諸侯」者,貫與陽穀二會,管仲不欲,

注疏附校勘記》阮刊本,民國 82 年 9 月十二刷)。

〔註 12〕見《崇文總目輯釋》頁 68,廣文書局。

〔註 13〕見《直齋書錄解題》頁 134,廣文書局。

〔註 14〕見《郡齋讀書志・附志》頁 388,廣文書局。

〔註 15〕唐代四門學爲太學,其性質與太學同,唯入學者門第較低,與太學、國子學等同屬國子監管轄。《歷代職官表・國子監》卷三四,頁 17 引《新唐書・百官志》云:「四門館博士六人,助教六人,直講四人,掌教七品以上侯伯子男爲生者及庶人子爲俊士生者。」(《四部備要・史部》中華書局據武英殿本校刊)。

〔註 16〕見《穀梁學二種》前《穀梁大義述》頁 196 上(台北鼎文書局,民國 62 年 9 月出版)。

〔註 17〕同前註,頁 197 下。

〔註 18〕見潘重規先生〈春秋公羊疏作者考〉(載《學術季刊》四卷一期)、簡博賢《今存唐代經籍遺籍考》頁 125(民國 59 年,台北:國立臺灣師範大學國文研究所碩士論文)、王熙元《穀梁著述考徵》頁 49(民國 63 年台北廣東出版社)

故去之，自外唯九合也。……鄭玄《釋廢疾》云：「自柯之明年，葵丘以前，去貫與陽穀，固已九合。」則鄭意不數北杏，自外與范《注》同也。不數北杏，所以得九合諸侯者，先師所說不同。或云：去貫與陽穀，與猶數也，言數陽穀，故得為九也。或云：葵丘會盟異時，故分為二。或取公子結與齊桓、宋公盟為九。故先師劉炫難之云：「貫與陽穀並非管仲之功，何得去貫而數陽穀也？若以葵丘之盟，盟會異時，而數為二，則首戴之會亦可為兩也。離會不數郟盟，去公子結則唯有齊、宋兩國之會，安得數之？」二、三之說並無憑據，故劉氏數洮會為九。以數洮會為九，兵車之會又少其一，故劉以「《傳》誤」解之，當云「兵車之會三」。案：洮會下，亦無云兵車之會，則《傳》文不應兩處皆誤，是亦可疑也。【卷六，頁11／p.62上】

就此句內容語句分析加以考證之：則楊氏疏云：「不數北杏，所以得九合諸侯者，先師所說不同。或云……或云……或取……」其所述數解皆先師之說，其下《疏》復引先師劉炫駁前數說之論，最後楊氏亦謂劉說「是亦可疑」，故以劉炫同歸先師之列，意為夙昔之經師，非特表己已逝之業師也。

吾人復檢閱唐修經疏中，亦常有「先師」一詞之出現，如《禮記・少儀》「士依於德，遊於藝」，《正義》疏〔註19〕云：

> 先師馬融、干寶等更云：今有夕桀各為二篇，未知所出。今依司農所注《周禮》之數，餘並不取……

由此可知，「先師馬融、干寶等」，則「先師」亦非指其已逝之業師。又在《周易、賁卦》下，《正義》疏《注》〔註20〕云：

> 「賁于丘園，帛乃戔戔」者，設飾在於丘園質素之所，則不靡費財物，束帛乃戔戔眾多也。諸儒以為若賁飾束帛，不用聘士，則丘園之士乃落也。若賁飾丘園之士與之，故束帛乃戔戔也。諸家注《易》，多為此解。今案輔嗣之《注》，全无聘賢之意，且〈爻〉之與〈象〉亦無待士之文。輔嗣云：「用莫過儉，泰而能約，故必吝焉乃得終吉。」此則普論為國之道不尚華侈而貴儉約也。若從先師唯用束帛招聘丘

〔註19〕見卷三五，頁11，總六三一上。（民國82年9月十二刷，台北：藝文印書館影印嘉慶二十年江西南昌府開雕《重刊宋本十三經注疏附校勘記》阮刊本）。

〔註20〕見卷三，頁16，總六三下（民國82年9月十二刷；台北：藝文印書館影印嘉慶二十年江西南昌府開雕《重刊宋本十三經注疏附校勘記》阮刊本）。

園，以儉約待賢，豈其義也？……今觀《注》意，故爲此解耳。

在此，孔穎達《正義》疏王弼《注》義，兼引他注之說，以其不合《注》意而不取。而《正義》云：「諸儒以爲……爲……」、「諸家注《易》，多爲此解。」又云：「若從先師唯用束帛招聘丘園。」則先師皆指前「諸儒」、「諸家注《易》」者。此外，唐修經疏中亦有用「舊師」、「釋者」，皆是「先師」之意。〔註21〕

另廖平《穀梁大義》之敘目四「專明傳經之事」下云：「如佚傳、異說、傳受姓氏、闕疑之類，皆先師傳經之淵源本末。」故此「先師」已爲宿儒、前輩之汎稱，非指已逝之業師明矣。

由此可知，楊氏疏中之「先師」乃爲汎稱，非直接受教於其門下之意。故知柳氏之說待商榷，非可因其一條孤證，即以楊士勛爲劉炫之徒。故雖劉炫之生長年代與楊士勛可相及〔註22〕，但兩者關係之確立則須有其他充分證據，否則不可遽以二者爲師徒。

（四）著 作

前已言楊氏生平事蹟不詳，其所有著作，就史籍所載者，其嘗參與《春秋左傳正義》之編撰，後就范注編撰《春秋穀梁傳注疏》及《春秋穀梁考異》，

〔註21〕《周禮・夏官・司爟》：「司爟，掌行火之政令，四時變國火，以救時疾。」鄭《注》：「行猶用也，變猶易也，鄭司農說以《鄹子》曰：春取榆柳之火，夏取棗杏之火，季夏取桑柘之火，秋取柞楢之火，冬取槐檀之火。」賈公彥疏《注》云：「先鄭引《鄹子》書，《論語注》引《周書》，不同者，《鄹子》書出於《周書》，其義是一，故各引其一。言「春取榆柳」之等，舊師皆以爲取五方之色同，故用之。今按：棗杏雖赤，榆柳不青。槐檀不黑，其義未聞。」（卷三十，頁910，總四五八上）按：此處賈公彥《疏》所稱「舊師」當指先代之經師。又《禮記・禮運》：「用水火金木，飲食必時。」（卷二十二，頁24，總四四一下）鄭《注》：「用火謂司爟四時變國火，以救時疾及季春出火、季秋納火也。」（卷二十二，頁24，總四四一）《正義》疏經云：「火時者，鄭注「司爟」引鄭司農說以《鄹子》曰：「春取榆柳之火，夏取棗杏之火，季夏取桑柘之火，秋取柞楢之火，冬取槐檀之火。」釋者曰：「榆柳青，故春用之：棗杏赤，故夏用之；桑柘黃，故季夏用之；柞楢白，故秋用之；槐檀黑，故冬用之。」（卷二十二，頁25，總四四二上）《正義》所引「釋者」之解，與賈《疏》所言「舊師」說合，當即先代經師所持之說也。由此言之，賈《疏》所謂「舊師」，蓋意同於「先師」也。

〔註22〕《隋書・劉炫傳》僅謂炫卒時年六十八（見頁1733，民國69台北鼎文書局影印點校本）未載其生卒年。然考〈劉焯傳〉稱焯「大業六年卒，時年六十七。劉炫爲之請諡，朝廷不許。」（頁1719）則劉炫至隋煬帝大業六年（西元610年）仍在世也。與前述楊士勛（生年不詳，卒年不得晚於貞觀十六年，即西元624年）年代可相及。

前者爲《十三經注疏》重要典籍，但後者早已亡佚矣。〔註23〕

綜上楊士勛生平述考，茲以表示之：

楊士勛之生平事蹟可知者	
生　　平	唐太宗朝（其卒不得晚于貞觀十六年）
仕　　職	國子四門助教及博士
師　　承	劉炫（待商榷）
著　　作	《春秋穀梁傳注疏》及《春秋穀梁考異》（佚）

二、楊氏注疏之編撰

楊氏編撰注疏之背景爲何？內容如何？前人評論又如何？此在前人著述中皆少論及。本篇於此稍爲置論之。

（一）編撰之背景

楊士勛既已生平不詳，其自身亦未嘗有片言隻字談及作疏之原由。此就當時編撰《五經正義》之政治、學術背景以推論之。

在政治上，唐初歷經喪亡棄亂，典籍殘敝，亟待整緝。自隋文帝統一南北後，甚重學術之倡導，如開皇三年曾派人至各地蒐訪異本書籍；至煬帝，設學校、開庠序及廣立國子、郡縣之學，徵辟儒生，由是當時之學術復歸統一。其情況由《北史・儒林傳序》〔註24〕可見一斑，傳云：

> 隋文……平一寰宇，頓天網水掩之……於是四海九州，強學待問之士靡不畢集焉。……齊、魯、趙、魏，學者尤多，負笈追師，不遠千里；講誦之聲，道路不絕。中州之盛，自漢、魏以來，一時而已。

而《隋書・經籍志》於春秋一經之學下〔註25〕載云：

〔註23〕《宋史・藝文志》第一五五著錄「春秋公穀考異五卷」（見該書頁5065，廣文書局）朱睦㮮《授經圖》卷四「諸儒著述附歷代春秋傳注」載「春秋穀梁考異五卷」（見該書頁120，北京中華書局出版，叢書集成初編）二者書名未知孰是？王熙元云：「宋史藝文志著錄楊氏有春秋公穀考異五卷，與朱氏所舉名稱不同，未詳孰是？若宋志所著爲其書之本名，則楊氏所考者，豈考辨公羊、穀梁二者之異哉？抑當時於公穀各有考異之作，合而編之，至明時乃有分編者歟？此不可知者也。蓋由年代湮遠，典籍散佚，文獻不足，故無以徵之矣。」其說可茲參考。（見頁122，《穀梁著述考徵》）

〔註24〕見《北史・儒林傳・序》頁2707，（民國68年台北鼎文書局影印點校本）。

〔註25〕見《隋書・經籍志》卷三二，頁933，（民國68年台北鼎文書局影印點校本）。

> 左氏唯傳服（虔）義，至隋，杜氏（預）盛行，服義及公羊、穀梁
> 浸微，今殆無師說。

「公羊、穀梁浸微，今殆無師說」，可謂承南北朝經學而來之發展。當時對公羊、穀梁二傳之態度頗忽略，「儒者多不厝懷」一語盡之矣。〔註 26〕隋代大儒劉炫學通南北，博極古今，亦嘗自言：「周易、儀禮、穀梁用功差少。」〔註 27〕可見其時學術之概況。其後煬帝以內肆荒淫，外競武功，致學術發展遭頓挫，但隋之措施對唐初學政則有莫大影響焉。

唐高祖即位初，甚重學術教化，故置學校、招聘儒學者，對科舉明經之士，亦有獎勵；至太宗，又擴增學制，且敕「學士能通一大經以上，咸得署吏」〔註 28〕如是學仕合一，以獎掖學子。然教學宜有定本，課士不可漫無準則，故有《五經正義》之纂，應時而生。《舊唐書‧儒學列傳》〔註 29〕載：

> 太宗又以經籍去聖久遠，文字多訛謬，詔前中書侍郎顏師古考正《五
> 經》，頒於天下，命學者習焉。又以儒學多門，章句繁雜，詔國子祭
> 酒孔穎達與諸儒撰定《五經》義疏，凡百七十卷……名曰《五經正
> 義》，令天下傳習。

由是校訂群經文字、五經定本之後，孔穎達諸人《五經正義》亦由此而成，從此經籍無異文、經義無異說，明經考試，亦奉此為圭臬，迄至宋初無改。故皮錫瑞《經學歷史》云：「自正義定本頒行國胄，用以取士，天下奉為圭臬，唐至宋初數百年，士人皆謹守官書，莫敢異議矣，故論經學為統一最久時代。」〔註 30〕

前已述及，楊士勛曾參《春秋左傳正義》之編纂後，而為穀梁作疏。然楊氏為何取范甯之註？蓋范甯註為當時流行之本子〔註 31〕且有陸德明之釋

〔註 26〕見《北史‧儒林傳‧序》頁 2709，（民國 68 年台北鼎文書局新校本）。
〔註 27〕見《北史‧劉炫傳》卷八二，頁 2764，（民國 65 年台北鼎文書局二十五史新校本）。
〔註 28〕《新唐書‧選舉志》卷四四載：「凡《禮記》、《春秋左氏傳》為大經；《詩》、《周禮》、《儀禮》為中經；《易》、《尚書》、《春秋公羊傳》、《穀梁傳》為小經。頁 1160，（民國 65 年台北鼎文書局二十五史新校本）。
〔註 29〕《舊唐書‧儒林傳》卷一八九上，頁 4941，（民國 65 年 10 月初版，台北鼎文書局二十五史新校本）。
〔註 30〕見頁 280，學海出版社，未著出版年月。
〔註 31〕陸德明《經典釋文‧序錄》：「穀梁用范甯注……並下己意，為集解，正始中上之，盛行於世，今以為主」此雖陸言其擷取之本子，但「盛行於世」亦可揣度隋唐之際學者於穀梁傳多用范甯注。

意，故取爲撰作注疏。馬宗霍於《中國經學史》〔註32〕推論其故云：

　　賈（公彥）、楊（士勛）二氏於撰定正義本嘗親與其役，或有意效之
　　而冀與之同尊以廣其傳歟？

蓋馬氏推測楊氏其欲效五經正義，與之並立不朽，並廣傳其學而作疏。然因
利祿所趨，士人以「禮記文少，人皆競讀」〔註33〕故盛唐之時，諸經多已束
高閣，開元八年國子司業李元瓘上書云：〔註34〕

　　三禮三傳及毛詩、尚書、周易等竝聖賢微旨，《周禮》經邦之軌則，
　　《儀禮》莊敬之楷模，《公羊》、《穀梁》，歷代宗習。今兩監及州縣，
　　以獨學無友，四經殆絕，旣事資訓誘，不可因循，其學生請停各量
　　配作業，并貢人預試之日，習周禮、儀禮、公羊、穀梁，並請帖十
　　通五，許其入第，以此開勸，即望四海均習，九經該備從之。

又開元十六年，國子祭酒楊瑒〔註35〕上言云：

　　今明經習左氏者，十無二三，又周禮、儀禮、公羊、穀梁殆絕廢，
　　請量加優獎……

經李元瓘、楊瑒上書獎勵研誦周禮、儀禮、公、穀四經，方使彼四經並入學
官，史並無明文載是否用此四疏，然四疏之體，亦同正義矣。此乃楊作疏之
政治因緣及其漸受重視之況也。

　　其次，就學術內緣背景而言：

　　義疏之興，蓋由於講論，初憑口耳之傳，後書之竹帛，而義疏成矣。故
「義疏」乃記所講之義也〔註36〕。今楊氏《穀梁注疏》同《五經正義》爲南
北朝以來重講論學風下之產物，茲就義疏文體之特徵與講論相關者加以說明
之：〔註37〕

1、唱　題

《高僧傳》卷四〈笠法汰傳〉載：「晉簡文帝講放光經，開題大會，帝親

〔註32〕見馬宗霍《中國經學史》頁97（民國81年11月七刷版，台北商務印書館）。
〔註33〕語見杜佑《通典》「選舉三」卷十五，貢二，總頁140下（大化書局，民國67
　　　　年）。
〔註34〕馬宗霍《中國經學史》頁96，（民國81年11月，台北商務七刷版）。
〔註35〕見本田成之《中國經學史》頁236，學海出版社。
〔註36〕義疏，強調紬繹抽象文義，而非具體訓詁。
〔註37〕此部分參考龔鵬程《孔穎達周易正義研究》頁46，（台北：國立臺灣師範大學
　　　　國文研究所碩士論文，民國68年6月）。

臨幸之。」所謂「開題」,亦稱「發題」。即講經時皆先唱題,由法師講解題意之稱。此在漢儒經注章句之中,皆無解題之語,然至義疏而有之。如隋志載梁番「周易開題義十卷」、唐書經籍志「周易發題義一」等率皆仿於釋氏。「唱題」有助對全書大旨之瞭解。以楊氏穀梁注疏而言,其於「春秋穀梁傳序」下,即釋此題意。楊疏云:

> 此題諸本文多不同,晉宋古文多云「春秋穀梁傳序」,俗本亦有直云「穀梁傳序」者。然春秋是此書之大名,傳之解經,隨事則釋,亦既經傳共文,題名不可單舉;又此序末云名曰「春秋穀梁傳集解」,故今依上題焉……序者,序述經傳之旨,并明已注作之意也。【序一／p.3】

按:引文中辨春秋穀梁傳及序之意,乃受當時講經前,先釋題意之影響,而在「春秋穀梁傳隱公第一」疏中亦先釋題析義,可按覆,今不多敘。

2、書分章段節

梁任公先生於《飲冰室專集》五十九「翻譯文學與佛典」中提及:

> 尤有一事當注意者,則組織的解剖的文體之出現也。稍治佛典者,當知科判之學,爲唐宋後佛學家所極重視。其著名之諸大經論,恒經數家或十數家之科判,分章分節分段,備極精密。(原注:道安言,諸經皆分三部分,一序分,二正宗分,三流通分。此爲言科判者之始,以後日趨細密。)……夫隋唐義疏之學,在經學界中有特別價值,此人所知矣;而此種學問實與佛典疏鈔之學同時發生。

按:講論佛典疏鈔,而有科判,使文義能於有條理下講論,儒者講經亦仿之,故疏而記之,則有章節段之分,如今傳南北朝義疏僅存皇侃《論語義疏》開卷「學而第一」即云:

> 《論語》是此書總名,〈學而〉爲第一篇別目。中間講說,多分科段矣。

此即仿當時講經釋題分科判而成之義疏。故馬宗霍〔註38〕曰:

> 兩漢之時,已有講經之例,……魏晉尚清談……而講經之風益盛。南北朝崇佛教,敷座說法,本彼宗風,從而效之。又有升座說經之例,初憑口耳之傳,繼有竹帛之著,而義疏成矣。

按:十三經注疏中周易、左傳春秋正義序之疏亦有分此科判焉,可覆按之。

〔註38〕馬宗霍《中國經學史》頁85(民國81年11月七刷版,台北:臺灣商務印書館)。

而穀梁注疏亦沿南北朝之體，今舉楊氏疏穀梁范序可見一斑：

> 此序大略，凡有三段，第一段自周道衰陵盡莫善于春秋，釋仲尼修
> 春秋所由及始隱終麟之意……第二，自春秋之傳有三盡君子之於春
> 秋沒身而已，釋三傳所起及是非得失……第三，自升平之末盡穀梁
> 傳集解，釋己注述之意，并序集解之人。【序，頁一／p.3 上】

由是可見，此乃仿釋氏將序內容分科段，此亦是義疏文體之特色。

3、疏中有問答

疏中有問答，以公羊義疏最多，如「公羊解詁隱公第一」發題問答最多，開卷豁然，可按覆之，無待冗敘。但《四庫提要》卻評謂：「疏中多自設問答，文繁語複，與邱光庭兼明書相近，亦唐末文體」此四庫館臣蓋徒見後世之文體，而昧於講經問答之制，乃爲講經後整理撰寫講經記錄、亦將臨場問答并爲紀錄之。藉問答，層層攻駁，則義自在其中矣。其又作「或問」、「或曰」、「或云」、「舊問」等，「或問」、「或曰」似爲假設，然若依講經之例推之，應有人問也；「舊問」則似前人講論時所問，故云舊。由此而知，非自設問答，乃是講經當場即問而隨記之。穀梁疏中亦有此問答現象，尤以定、哀公之卷爲多。今茲舉二例以明之：如前引莊公二十七年：「夏六月，公會齊侯、宋公、陳侯、鄭伯同盟于幽。」疏云：

> 「衣裳之會十有一」者，謂從北杏至葵丘也。《論語》稱「九合諸侯」
> 者，貫與陽穀二會，管仲不欲，故去之，自外唯九合也。……鄭玄
> 《釋廢疾》云：「自柯之明年，葵丘以前，去貫與陽穀，固已九合矣。」
> 則鄭意不數北杏，自外與范《注》同也。不數北杏，所以得九合諸
> 侯者，先師所說不同。或云：去貫與陽穀，與猶數也，言數陽穀，
> 故得爲九也。或云：葵丘會盟異時，故分爲二。或取公子結與齊桓、
> 宋公盟爲九。故先師劉炫難之……【卷六，頁 11／p.62 上】

按：「或云……或云……或取」爲問答之體。

又如：昭公十八年：「夏五月壬午，宋、衛、陳、鄭災。」楊疏云：

> 二文釋何？解襄九年宋災，傳曰：「故宋也」【卷十八，頁三／p.177
> 上】

按：楊疏中「……何？解……」亦爲問答之體，其「解」字爲答問者之語。

故由上述三點觀之，可知儒家群經義疏均仿自釋氏沙門之講經制。文體則沿南北朝以來講論之特點——唱題、分科判、有問答。此外，除了講論與

義疏和學術背景有關外，尚有受重儒釋道三教講論及談辯影響所致者。

隋唐統一後，佛道仍爲思想界主流，老莊玄學亦一面與道教結合，與佛教抗爭。唐以前普遍以爲老子與儒家經典可合流，故「唐人正義引用老子者，據近人統計不下數十條，引用莊子亦不少」〔註39〕唐人正義，間雜玄言，以抗佛教，其實當爲崇尚南學風尚所至，據吾人所知，在經學上北學南折，名物訓詁多採北學、玄理奧義則多用南派，如五經正義詩禮用北、多箋制度名物之實，書易用南，善究天人之際，故論學多以南學爲尚。另用纖緯亦可見調融南北之跡。當時儒生善老莊之言，加以初唐，高祖篤信道教，太宗貞觀十一年更詔：「……至於講論，道士女冠，宜在僧尼之前。」帝王崇老氏亦影響當時之學風，故隋唐道士亦兼儒業，唐儒之學，不特與道士玄言相雜，且暗合浮屠義，密取其理，陽拒其跡，孔穎達主纂《五經正義》，即居此風氣之下而成；曾參與編纂之楊士勛，其作疏如何不受其影響？且疏中亦有引老莊之語爲疏〔註40〕。如僖公二十二年「冬十有一月己巳朔，宋公及楚人戰於泓。」楊氏引《老子》疏范注，云：

> 老子至道之人，猶曰「以政治國，以奇用兵」今宋襄國弱，於楚而行敵戰之禮，故傳譏其師敗身傷，注謂之不識，至道之術也。【卷九，頁5／p.90上】

按：楊疏此乃引老子五十七章以印證范注。

談辯經義，因重講論而生，《齊書·劉瓛傳》云：「入門便坐問答，說經竟無異談玄。」又載文惠太子永明五年臨學，親策試諸生，坐於王儉諸生辯論經義事，詳記問答之辭。至於講經時論辯，多存義疏中，南北朝流傳至今惟公羊疏、論語義疏，前已論及，茲不重敘。《五經正義》正爲薈萃前代講經辯經學義理之紀錄，俾學生習之能明其義，辨其理，吾人細心尋檢當可見其彷彿。楊氏疏中問答之體或雜敘他家之說後，再加以案語裁斷簡釋，似論辯其義。如前引莊公二十七年疏文中楊氏案語之辯。此皆受當時學術背景影響所致也。

（二）前人論楊氏注疏

楊士勛《春秋穀梁傳注疏》史志及諸家書志皆著墨不多，在此筆者就所蒐集史料，略加以歸納歷來對此注疏之評價，其可分爲：

〔註39〕黃錦鋐《隋唐學術論稿》之語，轉引自龔鵬程《孔穎達周易正義研究》頁48。（台北：國立臺灣師範大學國文研究所碩士學位論文，民國68年6月）。

〔註40〕見附錄二，引老莊部分。

1、就歷史源流而言

穀梁學原非學者所重視，其從六朝迄初唐，寖爲絕學，幸楊士勛取范注而作義疏，編纂剪裁前人之作，使一線生機得延，亦讓後代學者經楊疏通范注，上窺春秋微意。鍾文烝《穀梁補注・序》〔註41〕云：

> 江左中興，妄謂穀梁膚淺，不足立學。相沿至唐初謂之小書，而穀梁之學益微。苟非有范甯、徐邈闡明於前，楊士勛賡續述於後，則穀梁傳之在今日，幾何不爲十六篇書，三家詩之無徵不信哉！吾於此歎唐人義疏之功大也。

就歷史源流而言，其功爲大。而其功爲何？錢基博《經學通志》〔註42〕有云：

> 士勛兼明穀梁，又爲范甯春秋穀梁傳集解作疏……惟范甯傳例全書已佚，散附集解，而疏中所引，有稱「范氏略例」者，有稱「范例」者，有稱「范氏別例」……臚次其事，以見義類而已。蓋春秋無達例，但屬辭比事，臚列書法之同異，有可以心知其義者，則爲之說，其不可知者，則闕之而不爲曲說，斯可以推見《范例》之矜慎焉！
> 士勛疏述之功，不可沒也。

此爲楊氏存范氏傳例及對范注詮釋之立場而言，其可知則爲之疏釋，不知則闕疑，如疏中「略舉所疑，遺諸來哲」【卷五，頁1／p.45上】（此詳見第二章第四節「撰述方法」）。較「杜、何偏護附會不同。」〔註43〕爲優，可知范氏態度之矜愼及楊氏疏述之功！其又云：〔註44〕

> ……自是春秋三傳之疏備！然春秋之學，至唐而疏通證明，集漢詁之大成，亦至唐而風氣獨開，導宋學之先路。

唐疏簡練實用，使經學再度統一。然學術合久必分，分久必合，使後之學者如啖助、趙匡等之言論漸能脫官學藩籬而各抒己見，故唐末論經風氣漸開，至宋開疑經、改經先路，使經學因再次變化而張力更強。此唐義疏之功，以

〔註41〕鍾文烝《穀梁補注・序》頁4（台灣商務印書館，民國57年12月台一版，國學基本叢書四百種）。
〔註42〕見錢基博《經學通志》頁197（民國54年1月出版，文星書店，文星集刊三）今按：王熙元《六十年來之穀梁學》亦有類似之語，其云：「今惟范甯集解傳世。至於隋唐，已無師說，蓋是時治春秋者，無復專門之學矣！韓文公贈盧仝詩云：『春秋三傳束高閣，獨抱遺經究終始。』於是穀梁之學，幾成絕響，幸楊上勛取范注爲之義疏，始延一線生機。」
〔註43〕見齊召南《寶綸堂文鈔》卷三，頁124（文海出版社，近代中國史料叢刊）。
〔註44〕見錢基博《經學通志》頁198。

上就歷史傳承之功而言之也。

2、就內容而言

楊氏之爲穀梁疏，其對穀梁一經內容之發闡，可分爲三端論之：其一《春秋穀梁注疏》是否爲楊士勛以己意自創？其二爲注疏內容之優點爲何？三爲其缺失如何？

關於其一，清、周中孚《鄭堂讀書記》〔註45〕曾云：

> 自六朝以迄唐初，從无（無）爲穀梁作義疏者，楊氏本與孔沖遠（穎達）等預修左傳正義，既成，復自以己意創爲是疏，……

《四庫提要》〔註46〕亦言：

> ……既乏憑藉之資……此書出於此人，復鮮佐助之力……

案：義疏本是編纂貫穿剪裁前人之作，如何言「自以己意創爲是疏」，故此說有可議之處。張寶三氏〈楊士勛及其穀梁注疏相關舊說考辨〉〔註 47〕有詳實之辨析，其用三處明證：第一，唐前未必無《穀梁傳疏》，引陸德明《經典釋文、序錄》云：

> 和帝元興十一年，鄭興父子奏上《左氏》，乃立於學官，仍行於世，迄今遂盛行，二傳漸微。《左氏》今用杜預《注》，《公羊》用何休《注》，《穀梁》用范甯《注》。（原註：二傳近代無講者，恐其學遂絕，故爲音以示將來）。

又《北史、儒林傳》亦載：

> 其河外儒生，俱伏膺杜氏。其《公羊》、《穀梁》二傳，儒者多不厝懷。

《隋書‧經籍志》亦云：

> 晉時，杜預又爲《經傳集解》，《穀梁》范甯注、公羊何休注、左氏服虔、杜預注，俱立國學。然公羊、穀梁，但試讀文，而不能通其義。後學三傳通講，而左氏唯傳服義。至隋，杜氏盛行，服義及公羊、穀梁浸微，今殆無師說。

以上三書所述，似如周氏所言「自六朝以迄唐初，從無爲《穀梁》作義疏者」

〔註45〕見該書卷十，頁 184，臺灣商務印書館，國學叢書。

〔註46〕《春秋穀梁傳注疏》前附提要，頁 1（民國 82 年 9 月十二刷，台北：藝文印書館影印嘉慶二十年江西南昌府開雕《重刊宋本十三經注疏附校勘記》阮刊本。）

〔註47〕轉引自：張寶三〈楊士勛及其穀梁傳疏相關舊說考辨〉（第二屆唐代文化研討會，民國 83 年 10 月）按：以下略引其說。

然而史書明載南、北朝皆有善公羊傳者，如《宋書·隱逸傳》之周續之，《北史·高允傳》、《北史·儒林傳》載梁祚皆是也。《釋文》謂「二傳近代無講者」恐不足爲據。且「儒者多不厝懷」、「今殆無師說」，其言「多」、「殆」亦未必爲絕無。今考諸史傳，南北朝諸儒者頗有會通三傳且以之講授者，如《北齊書·儒林傳》載張雕「遍通五經，尤明三傳」，《周書·儒林傳》謂熊安生「初從陳達受三傳」；更有依義疏以自明三傳者，如《北齊書·儒林傳》孫靈暉「唯尋討惠蔚手錄章疏，不求師友，三禮及三傳皆通宗旨」此僅涉及穀梁者，而有其疏之證。在《梁書·儒林傳》云：

> 崔靈恩……少篤學，從師遍通五經，尤精三禮、三傳……靈恩集注
> 《毛詩》二十二卷……《公羊、穀梁文句義》十卷。

此書《隋唐經籍志》未錄，今已佚。然就《隋志》所錄以「文句義」爲名之書推之，其當爲義疏之體無疑。〔註48〕故崔靈恩《公羊、穀梁文句義》當屬義疏之書，周氏之言有待商榷。而周之持論可能因《隋志》未載，若未載而斷其必無，則令人無法信服。其次，楊疏中有體例不一者，張寶三先生舉今注疏二十卷本中十九、二十卷，屢見問答之禮，與其他諸卷迥異爲證。如：

昭公十八年：「夏五月壬午，宋、衛、陳、鄭災。」楊疏云：

> 二文釋何？解襄九年宋災，傳曰：「故宋也」【卷十，頁 3／p.177
> 上】……

楊疏中「何？」再以「解」答之，體例特異。昭公二十六年「夏，公圍成」之疏亦如是也。

又如定公元年「九月，大雩。」疏云：

> 案：〈月令〉：「大雩帝」此經言大雩，文與〈月令〉同，同祀上帝。
> 帝，天也。而曰「上公」，義更何取？且雩與禱本自不同，而引禱辭
> 以證雩何？解……天子……【卷十九，頁5／p.188 上】

此先提示二問，再以「解」作答，這些問答之體當爲舊疏之遺跡。今存六朝舊疏全帙及殘卷中，屢見問答之體〔註49〕可能是楊士勛初未刪盡者，故其注

〔註48〕考《隋志》載《周易文句義》二十卷，自註：「梁有《擬周易義疏》十三卷。又載《喪服文句義疏》十卷，自註：「梁國子助教皇侃撰。」《論語講疏文句義疏》五卷，自註：「徐孝克撰，殘缺。」《隋志》載文句義之書，而兼錄「義疏」爲比，兩者當屬同類。又「文句義疏」「講疏文句義」等皆含「文句義」之名，《文句義》蓋爲文省稱。

〔註49〕今存六朝舊疏全帙及殘卷，如梁皇侃《論語義疏》、鄭灼《禮記子本疏義》皆

疏似應是前有所承者。再者，楊注疏所引「舊解」有義疏之體者，或依用之，或駁正之，如宣公八年「冬十月己丑，葬我小君頃熊。」疏云：

> 舊解案：禮庶人懸封葬……今案傳文云：「雨不克葬，喪不以制
> 也。」……【卷十二，頁9／p.119上】

此先引「舊解」再用「今案」駁之；又桓公五年「天王使任叔之子來聘」楊疏先引「舊解」，其下又有「或以爲」之文，此似爲疏體之語；又文公七年秋八月，疏有引「舊解」再用「今以爲」反駁者，可知楊氏疏所引「舊解」、「舊說」皆爲疏家之語〔註50〕，故穀梁本有舊疏審矣，如是前有所承，則非爲自創也。唯此等舊疏不見著錄者，斯乃《隋志》之疏漏也。至於舊疏與楊疏之別，徐震嘗云：「舊疏大抵義解迂滯，辭句蹇澀。楊疏文義簡切，辭句條暢。」〔註51〕以上例證可明周中孚之言「以己意創爲是疏」，未可信也。

關於其二，章學誠謂「訓詁注疏，所以釋經。必有所須，而後從而給之；有所鬱，而後從而宣之；有所弊，而後從而教之。」此乃疏經之旨也。且注疏貴明暢，楊疏可謂已達此標準。《鄭堂讀書記》〔註52〕曾云：

> ……楊氏本與孔沖遠（穎達）等預修左傳正義，既成，復自以己意
> 創爲是疏，分肌擘理，刊削繁言曲說，較各經疏家亦爲文清義約，
> 爲穀梁者，未有能過之者也。

齊召南《寶綸堂文鈔》〔註53〕亦言：

> 唐楊士勛疏雖稍膚淺，然於范注多匡正……較左氏公羊義疏曲爲杜
> 何偏護附會不同。監左氏公羊之失，……平易近理，刊落曲說繁言，
> 較各家疏，亦爲文義約……

案：二說相近，皆言楊疏內容條理分明、分析詳盡，義理無偏曲，不似杜、何爲《左氏》、《公羊》偏護附會〔註54〕，而刊削冗贅及偏執言論，乃指其監

可見問答之體。

〔註50〕 愚謹按：「舊說」依馬國翰之考證，乃爲漢人尹更始之章句，「舊解」方爲舊疏，此可詳見第二章第四節之五「引用舊說舊解及其他」。而張寶三先生以爲舊說、舊解皆舊疏，誤矣。

〔註51〕 見徐震《穀梁箋記》之「穀梁舊疏」頁37至39。（《武漢文哲季刊》第七卷，第一期）按：徐氏於此言其撰有《穀梁舊疏考》，惜吾人未見其文也。

〔註52〕 見該書卷十，頁184，（臺灣商務印書館，國學叢書）。

〔註53〕 齊召南《寶綸堂文鈔》頁124，文海出版社。

〔註54〕 蔣伯潛《經學纂要》頁196，其云：「杜注多強經以就傳，是其短處。」（民國53年3月三版，正中書局）

左、公之失及不爲范氏集解護短，能匡正范氏之不當〔註55〕，可詳見本篇第三章第六節，而爲文平易近理，非古奧繁複難懂，較其他家之疏爲言簡意賅。此乃楊疏之優點。

　　然楊疏亦有其失，第一，簡略欠備，不及他疏賅洽。《四庫提要》〔註56〕云：

　　　　……其書不及穎達書之賅洽……詳略殊觀，固其宜也……

馬宗霍《中國經學史》〔註57〕亦言：

　　　　楊徐二疏，因乏憑藉，難言賅洽，以視孔、賈，遂覺去之彌遠。

江慎中〈春秋穀梁傳條旨〉〔註58〕于「故宋」下亦言及：

　　　　范楊諸子於此既不能比其前後有所發明，而後儒遂有謂春秋非孔氏
　　　　一家之書以駁傳者，眞所謂夏蟲之見矣。

按：此亦言楊疏對義理之闡發不夠詳實也。

　　今舉例以明之，如定公五年經：「夏，歸栗于蔡。」傳曰：「不言歸之，專辭也，義邇也。」范注：「言此是邇近之事，故不足具列諸侯。」今按：鍾文烝《穀梁補注》曰：「注非也。言此是諸侯之舉，春秋引而近之……深美之。」但楊於此卻無疏，可謂簡略。

　　而鍾文烝《穀梁補注・序》卻言：「楊疏之淺而龐也。」〔註59〕簡師博賢於《今存唐代經學遺籍考》〔註60〕認爲楊疏之失有三：一略於禮制，二聲音訓詁之失，三不能旁通。此部分則於本篇第六章「楊氏疏之疏失」將有所討論之。

　　以上爲有關楊士勛及《春秋穀梁傳注疏》其人其書略作之辨析。

〔註55〕其他如廖平《穀梁春秋經傳古義疏・敘》亦言：「范氏集解採用何、杜兩家，難免盭于師法。楊上勳（按：宜作勛）稱其上下多章（違），縱使兩解，仍有僻謬，信哉。然楊氏自爲書，抑又不逮。」（國學集要二編，文海出版社）。今按：廖氏評楊疏之得略同於齊召南匡范之說，而評其失「楊氏自爲書，抑又不逮」則似阮元。雖如此，范楊之謬，廖氏亦正之，故有「刪范楊之野言。」之語。

〔註56〕《春秋穀梁傳注疏》前附提要頁1。

〔註57〕馬宗霍《中國經學史》頁100，（民國81年11月七刷版，台北：臺灣商務印書館）。

〔註58〕見《景印國粹學報舊刊全集》頁9871，王雲五編，臺灣商務印書館。

〔註59〕鍾文烝《穀梁補注・序》頁2（台灣商務印書館，民國57年12月台一版，國學基本叢書四百種）。

〔註60〕簡博賢《今存唐代經學遺籍考》，頁130（民國59年6月，台北：國立臺灣師範大學國文研究所碩士學位論文）。

.

第二章　楊士勛《春秋穀梁傳注疏》之版本及其撰述方法

　　楊士勛撰《春秋穀梁傳注疏》，其一書數名，有「春秋穀梁傳疏」、「穀梁疏」，故本章第一節作「書名之釋義」，筆者乃依傳、注、疏之釋意，探討何者之題名，最爲適切？其次楊氏疏之書，卷數有十二、二十之別，則意味版本之異，而其版本之流傳情形爲何？故第二、三節「卷數之別」、「版本流傳」爲此而作；又杭世駿嘗云：「作者不易，箋疏家尤難，何也？……爲之箋與疏者，必語語核其指歸，而意象乃明，必字字還其根據，而證佐乃確。」〔註1〕而於幾乏人問津之穀梁尤更難，蓋資料不齊備，無以賅洽，故第四節作「楊氏疏之撰述方法」，爲說明楊氏疏范注之基本理念，有宗本范注、引本經傳文以疏范、兼取左公傳注、博采群書諸儒、引用舊說舊解及其他、融通他說、闕疑遺哲等，旨在對該書作全面性之觀照也。

第一節　書名之釋義

　　楊氏疏于武英殿本之題名爲《春秋穀梁傳注疏》，然他書或有題爲「穀梁疏」、「春秋穀梁傳疏」、「春秋穀梁疏」者〔註2〕，其名稱大同而小異，皆指周

〔註1〕見胡師楚生《訓詁學大綱》頁148（民國81年9月四版，華正書局）。

〔註2〕《新唐書‧藝文志》作「穀梁疏」（民國68年台北鼎文書局影印點校本）；《舊唐書‧經籍志》（民國68年台北鼎文書局影印點校本）、《郡齋讀書志》（見第一章註12）、《直齋書錄解題》（見第一章註11）皆作「春秋穀梁傳疏」；《宋史‧藝文志》（民國68年台北鼎文書局影印點校本）、《通志》、《崇文總目》（見

穀梁赤撰〔註3〕，晉范甯集解、唐楊士勛之注疏。愚獨以爲不可單稱此書爲「穀梁疏」。何者？於本篇第一章第二節提及「唱題」中，楊氏疏《春秋穀梁傳序》曾云：

> 春秋是此書之大名，傳之解經，隨事則釋，亦既經傳共文，題名不
> 可單舉，又此序末云名曰：「春秋穀梁傳集解」【序一，頁 1／p.3 上】

可見穀梁傳既是解春秋經之傳，題名如何可單舉而另爲一書？況今日所見之書經傳早已合併，如何可廢經名而獨存傳名乎？故本書宜稱爲「春秋穀梁疏」。其次依訓詁之法，傳爲釋經之意，取其傳述之意爲訓詁之辭，於西漢或稱傳〔註4〕，至東漢則稱注、箋、釋等其皆以解經爲主〔註5〕，自魏晉則多以經注爲主，其所申駁亦悟以明注，故范甯之集解〔註6〕爲集前人之注外，又折衷己意解經傳之義，故又稱「范注春秋穀梁傳」。至南北朝，或守一家之注而詮釋，或旁引諸說證明之，故義疏之體日興。此即顧炎武所云：

> 其先儒釋經之書，或曰傳，或曰箋，或曰解，或曰學，今通謂之註……

第一章註 10）作「春秋穀梁疏」。

〔註3〕 近人王熙元已詳考其非一時一人之作，乃是孔子以春秋授子夏後，當時弟子各有所聞，輾轉口傳，至秦、漢之際，始由傳其學者，雜取歷來儒者之見解，薈萃成書，著於竹帛。詳見其《穀梁范注發微》第一章第二節，穀梁傳非穀梁赤撰，其中亦辨楊上勛「穀梁子……受經于子夏，爲經作傳」之說爲誤。

〔註4〕 傳意，馬宗霍《中國經學史》頁 54 云：「孔穎達曰：傳謂傳述爲義，或親承聖旨，或師儒相傳，故云傳。陸德明曰：傳即註也，以傳述爲義，舊說漢以前稱傳；賈公彥曰：傳者，取傳述之意。長孫無忌曰：聖人制作，謂之爲經，傳師所說。則謂之爲傳。成伯瑜曰：傳者，注之別名也，傳承所說謂之爲傳。劉知幾曰：傳之時義，以訓詁爲主，亦猶春秋之傳，配經而行也。」（民國 81 年 11 月，台北：臺灣商務七刷版。）楊疏亦云：「穀梁所脩謂之傳，不敢與聖人同稱，直取傳示人而已，故謂之傳。【卷一，頁 1／p.9 上】。」

〔註5〕 同註3、頁 55，馬氏云：「孔穎達曰：注者著也，言爲之解說，使其義者明也；又曰：秦漢之際，多名爲傳，於後儒者以其傳多，或有改之別云注解者。皇侃以爲自漢以前爲傳，自漢以後爲注，其義非也。賈公彥曰：注者注義於經下，若水之注物，亦名爲著，取著明經義者也。又曰：注者於經之下自注己意，使經義可申，故云注也。劉知幾曰：傳，轉也。轉授于無窮，注者流也，流通而靡絕，惟此二名，其歸一揆。如張楷作尚書注，鄭玄作周易、尚書、儀禮、周官禮記注是也。」顧炎武《原抄本日知錄》亦云：「其先儒釋經之書，或曰傳，或曰箋或曰解、或曰學、今通謂之注。」（民國 68 年 4 月，文史哲出版社）。

〔註6〕 集解，薈萃眾說，加以解釋者，以解經傳爲主。周中孚《鄭堂讀書記》頁 184 云：「集解或作集注，或止作注，无（無）二義也」（臺灣商務印書館）。

其後儒辨釋之書名曰正義，今通謂之疏。〔註7〕

故正義即是疏。〔註8〕如是此書名稱「春秋穀梁傳疏」、「春秋穀梁疏」雖無大礙，然猶以乾隆武英殿本之題名——「春秋穀梁傳注疏」，最爲剴切。

第二節　卷數之別

春秋穀梁傳注疏，《舊唐書》著錄有十三卷，而《新唐志》、《宋志》、《郡齋讀書志》、《直齋書錄解題》、《通志‧藝文略》俱作十二卷，《崇文總目》著錄三十卷，《四庫提要》則著錄爲二十卷，卷數頗異。周中孚《鄭堂讀書記》〔註9〕云：

知《舊唐志》二誤爲三，《崇文總目》十二誤爲三十也。

雖如是則其卷數亦有十二及二十卷之別。吾人向知卷數差異，輒是同書異本相互區別之標志，卷數不同，意即謂版本之異。故葉德輝《書林清話》卷六〔註10〕云：

北宋各經注疏皆單行，其合併爲一……據日本山井鼎七經孟子考文補遺引黃唐刻注疏本跋。紹興題年。謂合注於疏在南北宋之間。

屈萬里《書傭論學集》中「十三經注疏板刻述略」〔註11〕一文開宗明義亦云：

長興九經，爲群經雕本之始；宋刊單疏，復爲義疏之始……義疏之刻始於宋太宗……然皆單刻義疏不附於經註之下——即世所謂單疏本。

由此可知，註疏合本之前乃刊單疏本，其雕始於宋太宗之時。然則穀梁單疏本，雕於何時？王國維于「兩浙古刊本考：杭州府刊板」〔註12〕言：

〔註7〕見顧炎武《原抄本日知錄》，頁518（民國68年4月，文史哲出版社）。
〔註8〕義疏，疏解經義，具體例是「引取眾說，以示廣聞」，而疏是對注而言，其取義於治水，既灌注，仍不明暢則再加以疏通，故疏即疏通義理之意，然而它又相對於「正義」，正義指官修之疏釋，如《五經正義》。私人撰述便直稱「疏」，如賈公彥《周禮疏》、楊士勛《春秋穀梁疏》，可簡稱「疏」，但多以「注疏」之稱。又有「疏者記也，分疏而識記之也」之義，即記其所講之義也。詳見牟潤孫〈論儒釋兩家之講經與義疏〉（新亞學報，四卷二期）。
〔註9〕見周中孚《鄭堂讀書記》頁184（臺灣商務印書館，國學叢書）。
〔註10〕見葉德輝《書林清話》卷六，頁146（民國59年，世界書局）。
〔註11〕見屈萬里《書傭論學集》頁216（民國73年7月，聯經出版社）。
〔註12〕見王靜安《海寧王靜安先生遺書》十，頁4289（民國29出版，六十二台二版商務印書館）。

《玉海、藝文部》（卷四十一）至道二年（按：宋太宗，西元 996 年），判監李至，請命李沆、杜鎬等校定周禮、儀禮、穀梁傳疏……咸平三年癸巳（宋眞宗，西元 1000 年）命祭酒邢昺代領其事，杜鎬、舒雅、李維、孫奭、李慕清、王渙、崔渥佺、劉士元預其事，凡……楊士勛穀梁疏十二卷，皆校舊本而成之……四年十月九日命杭州刻板。……案成平刊本，今皆不傳。

由王氏言「楊士勛穀梁疏十二卷」，故知單疏官方刻本始自咸平刊本，本是十二卷，與註疏合刊本二十卷迥異。〔註13〕王氏又於「元西湖書院重整書目」云：

《南雍志》之周易、儀禮、春秋三傳諸疏卷數同於單疏（按：北宋單疏本）而不同於十行本註疏者，即南宋監本單疏可斷言矣。〔註14〕

又云：

南宋監本穀梁單疏十三卷，《南雍志》春秋穀梁疏十二卷，好版一百四十四面，失八十七面，即是板。南雍別有十行注疏二十卷，與此不同。〔註15〕

又云：

明黃佐《南雍志經籍考》：「所載舊板有……然春秋穀梁傳疏十二卷……雖其名或稱正義、或稱疏、或稱註疏，然其卷數皆與北宋單疏合，而與南雍之十行本註疏不合，當即南宋所刊單疏。」〔註16〕

然北宋單疏本早已亡佚，今之所見殘本乃是南宋高宗據北宋《穀梁單疏本》所復刻。即「高宗初年，乃以北宋單疏本，重付剞劂，今日所見者，大抵皆

〔註13〕《春秋穀梁傳注疏》前附【提要・頁2】云：「其長狄眉見於軾一條，連綴於身橫九畝句下，與注疏離，蓋邢昺刊正之時，又多失其原第，亦不盡士勛之舊矣。」愚案：疏文原接于注後，然注疏相離於今二十卷注疏本多可見，如宣公元年夏：「公會齊侯于平州。」楊疏可分爲三，以「○」小卷爲界：前宜移至「晉放其大夫胥甲父子衛」傳文下；中爲本疏；末宜移至「六月齊人取濟西田。」范注之下。【卷十二，頁2／p.115下】此亦可證單疏後分而爲合刊本。

〔註14〕見王靜安《海寧王靜安先生遺書》十，頁4300（民國29出版、六十二年台二版，台北：臺灣商務印書館）。

〔註15〕同上註，頁4362。

〔註16〕同上，案：屈萬里《書傭論學集》頁223云：「按：《西湖書院書目》所著錄之諸經註疏，疑有一部分爲八行本，即《南廱志經籍考》所著之舊板諸經註疏也。（民國73年7月，聯經出版社）。

是本也。」〔註17〕而流傳至今日之單疏本,僅有劉承軒(西元 1882～1963 年)刊刻《穀梁單疏殘本》七卷(即存卷六～十二)。劉氏並有撰〈校勘記〉二卷,其收錄于嘉葉堂叢書中〔註18〕,今藏於中央研究院傅斯年圖書館。其書正如清人大藏書家黃堯圃所言「奇中奇,寶中寶」之珍品矣,由此吾人亦可知《唐志》等書著錄十二卷爲單疏本;而注疏合刊爲二十卷也。

至於單疏本爲何漸爲註疏合刊本取代?其始於何時?原由爲何?王靜安於《兩浙古刊本考・紹興府刊板》之《禮記正義》七十卷下引黃唐之語云:

> 六經疏義,自京監、蜀本皆省正文及注。及篇章散亂,覽者病焉,本司(按:浙東轉運茶鹽司)舊刊易、書、周禮正經注疏,萃見一書,便於披繹,它經獨闕。紹熙辛亥仲冬,唐備員司庚遂取毛詩、禮記疏義,如前三經編彙,精加讎正,用鋟諸木,庶廣前人之所未備。乃若春秋一經,顧力未暇,姑以貽同志云,壬子秋八月三山黃君謹識。〔註19〕

故由上可見,合經注文及義疏合劇,始於南宋初年之浙東茶鹽司(南宋光宗紹熙間,約西元 1190～1194 年)此「書名標題有『注疏』之稱,亦始於是本」,〔註20〕浙東茶鹽司初刻周易、尚書、周禮三種,三山黃唐來主是司,續刻毛詩、禮記三種,因主其事者爲黃唐,故又稱「黃唐本」,而經注疏合刻之原由,乃因單疏本不便披繹,輒須持經注本與之相對照,且篇章散亂,故有萃集合刊於一書之意,雖春秋一經於當時力未暇而無刻,但期後人刻書亦仿此而合刊是也。

單疏本始於唐五代至北宋監刻,南宋漸與注疏合刻,由是故不復刻單疏本。王國維〔註21〕又云:

> 南雍所有十行本注疏板本無儀禮、爾雅二種,故自元至明初尚補綴單疏本,以彌其闕足,是以上二疏,後世猶有傳本,餘疏則自元以後,始已不復印行矣。

〔註17〕 同上註,頁 218。
〔註18〕 見張之洞答問、范希曾補正《書目答問補正》頁 11,范氏補云:「劉氏嘉業堂刻單疏殘本穀梁傳七卷,附校記二卷」(民國 56 年新一版,台北:新興書局)。
〔註19〕 見王靜安《海寧王靜安先生遺書》十,頁 4407(民國 29 出版,六十二台二版商務印書館)。
〔註20〕 屈萬里《書傭論學集》頁 224,(民國 73 年 7 月,聯經出版社)。
〔註21〕 見王靜安《海寧王靜安先生遺書》十,頁 42878(民國 29 出版,六十二台二版商務印書館)。

由此可知，至元朝，穀梁單疏本自元以後已不復刻印，故其流傳較廣僅在元之前；至明代，「明人但知有註疏不知有單疏，故即以註疏目之」〔註22〕，故方有卷數十二、二十之別。而《春秋穀梁傳注疏》二十卷爲今日所廣傳。其版本之流傳詳見下文解說。

第三節　版本流傳

經卷數之討論，春秋穀梁傳疏有十二卷與二十卷之別，即是單疏本與注疏合刻之異。單疏本之流傳，前已論述。此惟論二十卷之注疏合刻本。

春秋穀梁傳注疏雖爲立學官之書，流傳亦久，茲述其可得考見者於次：

（一）監本附音春秋穀梁註疏二十卷

宋刊十行本

按：刻於南宋晚年十三經註疏本，其亦爲《十三經注疏》本之濫觴。

（二）監本附音春秋穀梁註疏二十卷（范甯集解、楊士勛疏、陸德明釋文）

宋刊元明補刻十行本，其版歷元至明，迭經修補印行，故又稱三朝本。其版後歸南京國子監，即爲南監本。

按：傅增湘《藏園群書經眼錄》載元刊有二本及明初印本之別。〔註23〕

（三）春秋穀梁註疏二十卷

明李元陽刊九行本。（閩刻本）

按：李元陽以十行本迭經修補印行，不乏誤妄改之，訛謬寖多，乃於嘉靖間（西元 1522～1566 年）據宋元舊版重雕，世稱「閩本」，亦曰「李元陽

〔註22〕見王靜安《海寧王靜安先生遺書》十，頁 42877（民國 29 出版，六十二台二版商務印書館）。

〔註23〕傅增湘《藏園群書經眼錄》（河北省北京市中華書局，西元 1983 年）載元刊本與元刊明修本之別：「元刊本，十行十七字，注二十三字。（南皮張氏書，壬戌春見於日知報館）」；「元刊本，十行十八字，注雙行二十三字，白口，左右雙闌，版心上記大小字數，下記下刊工姓名。無補版，間抄配。（常熟瞿氏鐵琴銅劍樓藏。乙卯秋見于嚞里宅中）」；「元刊明修本，十行十七字，注疏雙行二十三字，白口，左右雙闌，版心上數字，下記人名。經傳不別，經下即接傳文，不標『傳』字，傳下集解亦不標『注』字，惟疏文則冠一大『疏』字於上。首行題『監本附音春秋穀梁注疏隱公卷第一』，次行低二格題『范甯集解』又低二格題『楊士勛疏』，三行題『春秋穀梁傳隱公第一』……案：此書印工尚清朝，僅鈔補三數葉，當是明初印本。」按：此可作爲元、明初印本之別。

本」，因其版葉九行，又謂九行本，此爲十三經注疏彙刻之始〔註24〕，又名「閩刻十三經注疏」。後南明隆武二年、萬曆北監本亦出自此，但多不逮。此乃清殿本之前最佳本。

（四）春秋穀梁註疏二十卷

十三經注疏（萬曆本、北監本）

按：明萬曆二十一年（西元1593年）因南監本不可用，乃據李元陽本重雕，謂北京國子監刊本，其行字如閩本，惟字體狹而長，不及閩本字體橫寬。崇禎時又重修之。

（五）春秋穀梁注疏二十卷

十三經注疏（汲古閣刊本）

按：明崇禎八年（西元1635年）毛晉汲古閣刊本，後有清姚世鈺校。〔註25〕此版後歸掃葉山房席氏，續爲刷印，至清嘉慶時吳郡（蘇州）猶有據其版而重印。

（六）春秋穀梁傳注疏二十卷附考證

十三經注疏（武英殿本）

按：清乾隆四年（西元1739年）武英殿刊本，殿板《十三經注疏》之底本由國子監提供。其本是承明北京國子監而來，校勘精良，加句讀，又附考證，存眞性較北監本爲高，清同治十年（西元1871年）廣州書局有覆刊本，然流傳不廣。

（七）春秋穀梁註疏二十卷

四庫全書經部春秋類、摛藻堂四庫全書薈要經部。

（八）監本附音春秋穀梁注疏二十卷、附校勘記二十卷（晉范甯集解、唐陸德明音義，唐楊士勛疏，清阮元撰校勘記、盧宣旬摘錄）

阮刻十三經注疏。

〔註24〕 吳哲夫〈儒家群經的出版〉云：「《十三經注疏》宋代雖有八行本及十行本兩種版本，但均非一次完成，而是經過一段時期後，才彙成十三經之數。一次彙之刻《十三經注疏》之全部，始於李元陽本。」（〈國魂〉五三〇期，頁86至88，民國79年1月）。

〔註25〕 同上註，吳先生又云：「因其校勘不精，爲學林所病，清阮芸台《十三經校勘記》曾評其本：『亥豕之訛，觸處皆是，』孫從炎《藏書紀要‧鑒別篇》：『毛氏汲古閣十三經、七史，校對草率，錯誤甚多。』」。

按：此《重刊宋本十三經注疏附校勘記》爲阮元所刻，其分卷按十行本，校對審慎，爲學林所推崇，亦是近世校勘最精，流傳最廣之本。其後復刻者，有清嘉慶二十年南昌府學刊本、同治十年廣東書局刊本、光緒十三年上海脈望仙館石印本、光緒十八年湖南寶慶務本圖書局刊本、光緒二十三年上海點石齋石印本、民國十三年上海掃葉山房石印本、民國二十一年上海錦章圖書局石印本、民國二十四年上海世界書局石印本、一九五七年北京中華書局排印本、一九八〇年北京中華書局據世界書局縮印本、影印本，四部備要（排印本、縮印本）經部十三經注疏監本附音春秋穀梁傳注疏附阮元校勘記。

以上爲合刊版本流傳之況，可見附錄一「穀梁注疏合刊本流傳表」。而關於注疏之校勘，有：

（一）春秋穀梁傳注疏校勘記十二卷，釋文校勘記一卷

按：此爲宋本十三經註疏併經典釋文校勘記，清阮元撰，爲光緒二十四年（西元 1898 年）蘇州官書坊刊本。此阮氏自刊本注疏，較各翻刻本爲詳。另有阮元《校勘記》有原刻單行本、皇清經解與十三經注疏附刊本三種，附刊本經阮福補校，引錄宋本毛本甚多，勝於經解本。

（二）春秋穀梁傳注疏考證一卷

按：清・齋召南撰。皇清經解（道光本、咸豐補刊本、鴻寶齋石印本、點石齋石印本）注疏考證。其書名爲考證，然內容亦對楊疏有所闡發。

綜上可知，從宋刊十行本，元明之後遞有補修，至清重視考據之學，故乾隆武英殿本附考證，嘉慶阮元重刊宋十行本，將訛僞校勘輯集，書乃可讀，日人加藤虎之亮氏「周禮經注疏音義校勘記」（日本昭和三十二年影印著者清稿本）書首序說論阮氏校勘記云：〔註26〕

> 清儒校勘之書頗多，然其惠後學，無若阮元《十三經校勘記》。凡志儒學者，無不藏十三經，讀注疏者，必並看〈校勘記〉。是學者不可一日無之書也。

可謂推崇至極，然而亦有言其書不可據信者，如葉德輝《書林清話》卷九〔註27〕云：

> 文達收藏既富，門客亦多，所刻諸經，當無遺恨。然是年文達調撫河南，轉任交替之際，不能親自校勘。元子福撰《雷塘盦弟子記》

〔註26〕轉引自龔鵬程《孔穎達周易正義研》，頁 99。
〔註27〕葉德輝《書林雜話》四種四卷，頁 7（世界書局）。

云：「此書尚未刻校完峻，即奉命移撫河南；校書之人，不能細心，其中錯字甚多。有監本毛本不錯而今反錯者。校勘記之去取亦不盡善，故大人以此刻本未爲善也。

其說法砥人可列爲考稽。然阮元《校勘記》中，偶有失校之處，可據田宗堯撰〈春秋穀梁傳阮氏校勘記補正〉一文參看之〔註28〕，或詳見梁煌儀《春秋穀梁傳校證》。〔註29〕

第四節　楊氏疏之撰述方法

楊氏注疏范甯穀梁集解之方法，就書中可知者，及前人所議論歸納，約有宗本范注、引本經傳文疏范、兼取左氏傳注、博采群書之說、旁徵諸儒之說、引用舊說舊解及其他、融通他說闕疑遺哲諸端等，今依次析論之：

一、宗本范注

楊氏注疏，以范甯集解爲本，此眾所週知也。馬宗霍《中國經學史》〔註30〕云：

楊士勛穀梁傳疏，宗范甯注。

然與其說宗范甯注，不如言本於范甯，吾人通檢其書，楊氏尚引范甯著《薄叔玄問穀梁義》〔註31〕《穀梁傳例》〔註32〕來疏集解。其藉用范氏遺緒來囊

〔註28〕〈孔孟學報〉第八期，民國53年9月。

〔註29〕梁煌儀《春秋穀梁傳校證》（台北：文化大學中文研究所碩士學位論文，民國67年）。

〔註30〕見馬宗霍《中國經學史》，頁96（民國81年11月七刷版，台北：臺灣商務印書館）。

〔註31〕吳士鑑《補晉書・經籍志》云：「《薄叔玄問穀梁義》范甯作集解，叔元（玄）有所問駮，甯隨問答之。楊疏引十二節，全載問答者四，其八惟載范氏答薄氏語。」案：《續修四庫全書總目提要・經部・春秋類》：「（薄叔玄）與范甯同時治穀梁學者，其著薄氏駮（楊疏引四條）。范答所問其大指論辨義例。」（見該書頁730）今按：疏中所引之傳例，據王仁甫《漢魏遺書鈔》所摘錄者，凡二十餘條。

〔註32〕范集解序「於是商略名例，敷陳疑滯，博示諸儒同異之說。」楊疏云：「商略名略者，即范氏別爲略例百餘條。」愚按：《提要》嘗疑「注中時有『傳例曰』字，或士勛割裂其文，散入注疏中歟？」此點陳澧《東塾讀書記》春秋類「范氏爲略例百餘條」已證「楊氏取范氏例散入疏中」，（詳見該書頁346，民國59年2月出版，廣文書局）。

括大義，疏釋疑滯，其宗范可見一斑矣！然疏內容尚有申范、補范、匡范等例。以下略舉證以說明之：

（一）申　范

謂范所未言或言而未詳者，疏則申述其義。如成公三年經「春，王正月，公會晉侯、宋公、衛侯伐鄭」范注：「宋、衛未葬，而自同於正君，故書公、侯以譏之。」楊疏云：

> 范意雖葬未踰年，亦不得成書，雖踰年而未葬，亦不得成君；故示「宋、衛未葬」、「書公、侯以譏之」。踰年未葬，不得成君，此注是也；雖葬未踰年，不得成君，即四年「鄭伯伐許」注云：「喪未踰年，自同於正君，亦譏之」是也。【卷十三，頁 6／p.130 下】

案：此范注而未詳，楊疏除說明之外，更舉四年「鄭伐許」以申。鍾文烝《穀梁補注》云：「推傳例，諸侯在喪未葬，或葬而未逾年，凡會盟、侵伐皆以稱子為正，而稱子亦猶有譏，公侯伯子男當無異例也。」〔註33〕今按：國有喪本宜稱子，今宋、衛未葬（宋公鮑、衛侯速于成二年正月、八月卒，三年正月、二月葬），亦應稱子，經書「公、侯」，更譏其無哀慟之心，只欲對外侵伐，故舉成四年亦如是也。

又如定十五年「滕子來會葬。」范注：「邾、滕，魯之屬國。」疏云：

> 將何據也？解：范答薄氏云：「屬國非私屬，五國為屬，屬有長，曹滕二邾，世屬服事我，故謂之屬。」【卷十九，頁 17／p.194 上】

按：楊疏此引《范答薄氏》來申范氏釋「屬國」之意，其是連接之屬，而非私屬之屬。

（二）補　范

補范者何？乃補范注之略者或無注者，以救其闕也。范氏略或無注者，楊氏則或引他家之注以補之。侯康《補三國・藝文志》云：〔註34〕

> 穀梁疏云范注之略者，每引糜注（應作麋）補之，其文當較范為詳。

〔註33〕見鍾文烝《穀梁補注》，頁 447（台北：臺灣商務印書館，國學基本叢書四百種）。

〔註34〕見王熙元《穀梁著述考徵》頁 24（民國 63 年，台北：廣東出版社）。另簡博賢《今存三國兩晉經學遺籍考》見該書頁 474，第五章，第一節「一、麋信春秋穀梁傳注」亦言：「楊士勛疏范注，於注義之未備者，輒取麋以補之。」（民國 75 年 2 月出版，三民書局）。

如僖十四年經「冬，蔡侯肸卒」傳曰：「諸侯時卒，惡之也」范無注，楊疏云：

> 麋信云：蔡侯肸父哀侯爲楚所執，肸不附中國，而常事父讎，故惡
> 之而不書日也。案：蔡侯自僖以來，未與中國爲會，則麋信之言是
> 也。……【卷八，頁 11／p.83 上】

案：范無注，此楊疏以麋信之注補范，而麋氏此乃用公羊義以釋傳意也。

此外，楊氏疏或引公、左傳注以補范未注，此點于本節三「兼取左公傳注」有詳論，此亦舉一例以明之：如宣公八年夏六月經「壬午，猶繹，萬入去籥。」傳曰：「猶者，可以已之辭也。繹者，祭之旦日之享賓也。以其爲之變，譏之也。」范無注「繹」，楊疏云：

> 旦日猶明日也。何休云：「繹者，繼昨日事，但不灌地降神耳。天子
> 諸侯日繹，大夫日賓尸，士日宴尸」則天子以卿爲之，諸侯則以大
> 夫爲之，卿大夫以孫爲之。夏立尸，殷坐尸，周旅酬六尸，唯士宴
> 尸與先儒稍異，則范意或與何同也。【卷十二，頁 8／p.118 下】

案：此范氏無注，楊氏乃引何休公羊注爲疏，並揣其意而言「范意或與何同也。」

（三）正　范

范注有忽略謬失者，或匡而諟正之，與補范略同，然其義非僅補苴而已，其亦能糾諟范注。齊召南《寶綸堂文鈔》卷三「進呈春秋穀梁注疏考證後序」〔註35〕云：

> 唐楊士勛疏……於范注多所匡正，如……僖元年「公子友獲莒挐」，
> 譏范氏不信經傳；四年「許男新臣卒」直謂范注上下多違；哀十二
> 年「用田賦」引孟子以糾范注……

按：此齊召南舉楊疏能諟正范注之例，可知楊疏非僅宗於疏范注，尚有補范及匡正其說，眞可謂穀梁之諫臣也。其他例可見本篇第三章第六節「補匡范注」。

二、引本經傳注文疏范

楊疏范注，本欲明春秋穀梁經文經義，故有引本經傳文疏之者，可見其內容整體一致性，「重發傳者」之例或引經傳注文以比較說明之。如隱七年春王三月經文：「叔姬歸于紀。」范注：「叔姬、伯姬之娣。至此歸者，待父母之國六年乃歸。」楊疏云：

〔註35〕見頁 124（文海出版社，近代中國史料叢刊）。

> 六年乃歸者，伯姬二年嫁于紀，叔姬此年始去，故云六年也。【卷二，
> 頁 6／p.22 下】

按：此楊疏依本經傳文，書隱二年伯姬嫁于紀，此年（七年）叔姬始去，故
云「六年」，以釋范注「六年」之意。

又如：宣公元年經文：「三月，遂夫人婦姜至自齊。」傳云：「……其日
婦，緣姑言之之辭也。遂之掔，由上致之也。」范注：「上謂宣公」疏云：

> 此注云「上謂宣公」，昭公二十四年「婼至自晉」，注云「上謂宗廟
> 也」者，釋有二家，其一云：禮，夫人三月始見宗廟，遂與僑如之
> 致，由君而已，故知上爲宣公、成公也。婼被執而反，理當告廟，
> 故知上謂宗廟也。又一釋二者互文也以相通。見廟之時，君稱臣之
> 名，以告宗廟，則二者皆當書名。故此云宣公，彼云宗廟，亦是昭
> 公告之可知，此宣公亦是告宗廟明矣。婼與意如俱爲被執而致，傳
> 釋有異辭者，意如訴公於晉，婼則無罪，故傳不同也，此已發傳，
> 僑如又發之者，此喪娶，彼非喪娶，嫌異故重明之。【卷十二，頁 1
> ／p.115 上】

按：此段疏文，乃楊氏引昭公二十四年范注比較「上」之意，傳文同，范注
雖有異，然其意則同也。嫌諷者以爲異，故疏通范注之意也，亦明不違重發
傳者之例。

三、兼取左公傳注

「穀梁於三傳最爲晚出，其監左氏公羊之失，范甯又承諸儒之後，於是
非爲稍公」又「（楊疏）較左氏公羊義疏曲爲杜何偏護附會者不同」此乃齊召
南對范注、楊疏之評。〔註 36〕春秋其義雖由孔子一手所定，但學者宜會通全
經，非可墨守一傳，故楊氏疏范於左公傳注可取者，則廣爲徵引，以備其說，
或爲存錄異說，或駁二傳之意。以下依左公傳注，略述其徵引之梗概。

（一）兼取左、公傳以存異說

春秋之義，廣大悉備，左氏、公羊解經各有不同，故須會通以存其說。
如前已引：宣公元年經文「三月，遂以夫人婦姜至自齊。」傳云：「……遂之
掔，由上致之也。」疏云：

〔註36〕同上註，頁 124。

……《左氏》以爲遂不稱公子者，尊夫人也；《公羊》以爲遂不言公
子者，一事而再見，從省文。此傳云「由上致之」是與二傳異也。【卷
十，頁 1／p.115 上】

按：《左氏》本有「舍族尊夫人」之例，故此去公子，則夫人便獨尊；而《公
羊》「一事而再見」者，下文則蒙上（經文「公子遂如齊逆女」）而省之，《穀
梁》則推翻二傳之說，遂不稱公子，是「由上致之也」，即遂以夫人至時，宣
公告廟，稱「遂」未用「公子」，故史官亦書「遂」而不書「公子」，〔註37〕
此乃楊氏取左、公並言與此不同，是存異說之例也。

　　又如：成公二年「六月癸酉，季孫行父、臧孫許、叔孫僑如、公孫嬰、
齊師會晉郤克、衛孫良夫，曹公子手及齊侯戰于鞌，齊師敗績。」傳曰：「……
曹無大夫，其曰：公子何也？以吾之四大夫在焉，舉其貴者也。」楊疏「曹
無大夫」云：

　　《公羊》以爲公子手何以書？憂内也。杜解《左氏》以爲備於禮，
　　並非穀梁意。【卷十三，頁 3／p.129 上】

案：楊疏此亦左、公並舉，但杜解左氏，楊氏言「非穀梁意」，此亦爲存異說
也。可知楊氏疏大多左、公並舉以釋義。

（二）徵引左傳家

　　楊氏疏中多所徵引之，於左傳或稱「左氏」、「左氏春秋」、「左氏傳」，而
於杜注及其他左傳家亦有引之。茲舉例以明：如引左氏者，范序云：「昔周道
衰陵，乾綱絕紐……」楊疏云：

　　絕紐者，紐是連繫之辭，故昭公十四年《左傳》云：「再拜，皆厭紐。」
　　【序頁 1／p.3 下】

案：《左氏》：原文「平王弱，抱而入，再拜，皆厭紐。」此乃楊氏引以訓「絕
紐」意。

　　又如：僖四年經文：「楚屈完來盟于師，盟于召陵。」范注：「屈完來如
陘師盟，齊桓以其服義，爲退一舍。」楊疏云：

　　一舍者，古者師行，每舍三十里。上云：「屈完來盟于師。」下即云：
　　「盟于召陵。」知非大遠，故云：「一舍」，宣十五年《左傳》：「華
　　元謂子反曰：『去我三十里。唯命是聽。』」亦其證也。【卷七，頁 7

〔註37〕詳見傅隸樸《春秋三傳比義》下冊，頁 538（民國 72 年 5 月初版，台北：臺
　　　　灣商務印書館）。

　　／p.73 上】

按：楊疏此引《左傳》，以明證一舍三十里之意。

　　又如：

　　　「鄭伯使卒出貑。」是其證也。【卷八，頁 5／p.80 上】

按：此楊疏引《左傳》以證范注引鄭君釋「盟牲」之意，又按：「諸侯至牛耳」、「鄭伯至貑」，哀公十七年、隱公十一年左傳文。綜上數例，可見楊氏疏引《左傳》與范注相發明也。

　　至於其他左傳家，如劉歆、鄭眾、賈逵……偶可見其徵引。如：范序「先王之道既弘，麟感而來應，因事備而終篇，故絕筆於斯年，成天下之事業，定天下之邪正，莫善于春秋。」楊疏云：

　　　……杜預解《左氏》以爲獲麟而作《春秋》，今范氏以作《春秋》然後麟至者……明爲仲尼脩春秋，麟感而至也。然則仲尼並脩六藝，何故不致諸瑞者？先儒鄭眾、賈逵之徒，以爲仲尼脩春秋，約之以周禮，脩母致子，故獨得麟也哉……【序，頁 10／p.5 下】

案：此楊疏引杜預解《左氏》與范釋「獲麟」意異；並引鄭眾、賈逵等左傳學者意見言仲尼並脩六藝，諸瑞不至之故。

　　又如定公四年傳曰：「虧君之義，復父之讎。」疏云：

　　　傳稱子胥云：「虧君之義，復父之讎。」傳文曲直子胥，是非穀梁意，善惡若爲解？公羊、左氏論難紛然，賈逵、服虔共相教授，戴宏、何休亦有唇齒……【卷十九，頁 8／p.189 上】

按：楊疏言左（賈逵：）公（戴宏：）二派各有意見，雖未引其說，但可略知其相左右之處。

（三）徵引公羊家

　　公、穀二傳，皆主明義，穀因公之說，已被前人所證〔註38〕，故二者大體相通，雖歧義不免，故注疏引公羊傳注、公羊家之說或取爲證或駁其義，皆足參以相發明。如前「補范」已提范無注，取公羊家之說並言「范意或與何同也」。此復舉例以證之，如：宣公二年「春，王二月壬子，宋華元帥師及鄭公子歸生帥師，戰于大棘，宋師敗績，獲宋華元。」傳曰：「獲者，不與之辭也」范注：「華元得眾甚賢，故不與鄭獲之」楊疏云：

───────────────────
〔註38〕詳見陳澧《東塾讀書記‧春秋類》，頁 322，「穀梁晚於公羊」、「公羊、穀梁二傳者同」二條，茲不敘。（民國 59 年 12 月初版，廣文書局）

何休云：「華元，繫宋者，明恥辱其國。」案：齊國書陳夏齧，皆繫
國也，則是史之常辭，非有異文也。【卷十二，頁3／p.116上】

案：此楊疏引何休釋華元繫宋，並駁其意，言名氏前繫國名是史例，非有他義。

又如成八年：「天子使召伯來錫公命。」疏釋「天王」云：

公羊傳云：「其稱天子何？元年春王正月正也，其餘皆通矣。」何休
云：「德合於元者稱皇，德合於天者稱帝，仁義合者稱王。」又云：
「王者取天下歸王也，天子者爵稱也，聖人受命皆天所生，故謂之
天子。」或言天王，或言天子，皆相通也也。【卷十三，頁13／p.134
上】

按：楊疏引公羊傳注釋「天王」意。

至於公羊家，楊疏徵引較多者除何休外，其次是董仲舒，此亦舉證以明
之。如：隱公元年「冬，十有二月，祭伯來。」傳曰：「……束脩之肉，不行
竟中」疏云：

范注莒慶之下引禮束脩之問不出境，董仲舒曰：「大夫無束脩之饋。」
言雖有異其意皆同也。【卷一，頁7／p.12上】

案：楊疏引董仲舒，言大夫既無束脩之饋，故束脩亦無出竟之理。此乃釋傳，
言范與董意同也。

四、博采群書諸儒

范甯《集解》有「博洽通貫」之雅稱〔註39〕，謂其釋穀梁經傳，其義精
審，不主一家，旁徵博引也。楊氏疏范注亦如是，頗采輯故訓，以參互鉤稽，
疏釋其義。其實唐人義疏皆博采漢儒六朝群書諸儒之說以疏傳注，不獨楊氏
也。以下就楊疏博取群書、廣采諸儒二端分述之：

（一）博取群書

注疏即須廣徵博引，遐稽約取；或以考經文所本，或究經義之異同，或
用以與注相發明。就十三經注中，三傳注不論，楊疏於餘十經注皆遍引之。
舉凡論禮制、正名分之三禮，察變之周易，與穀梁相關之論語及文字訓詁之
爾雅，是徵引較多者；而毛詩傳亦頗多取，惟孟子、孝經采之較少耳。

如僖四年經文：「公會齊侯、宋公、陳侯云云侵蔡，蔡潰。」楊疏云：

〔註39〕見馬宗霍《中國經學史》第七篇「魏晉之經學」，頁67，臺灣商務印書館。

《論語》：稱「齊桓公『正而不譎』」指謂伐楚，此侵蔡，亦言正者，
伐楚是責正事大，……其實侵蔡，不土其地，不分其民，亦是正事，
故傳言正也。【卷七，頁 7／p.72 下】

按：此楊疏徵引《論語》稱齊桓公之為人，與史實相印證之。

又如僖四年經文：「楚屈完來盟于師，盟于召陵。」傳曰：「大國之以兵
向楚，何也？桓公曰：昭王南征不反，菁茅之貢不至，故周室不祭。」范注：
「菁茅，香草，所以縮酒，楚之職貢。」楊疏云：

《尚書・禹貢》云：「苞匭菁茅。」孔安國云：「菁以為菹（音居）
茅，以縮酒。」今范云：菁茅，香草，則以為一物，與孔異也。【卷
七，頁 7／p.73 上】

按：楊疏此引《尚書》及孔安國之注，以疏范注，并言菁茅意與范注異，可
視為存錄異說，然二者釋其用處——濾酒，除酒中之雜質，則同也。

史書有國語、史記、漢書、晉書、世本等，子書有老子、莊子、管子、
孔叢子等，其他尚有逸周書、緯書、白虎通、司馬法及訓詁書籍字書、字詁、
字林玉篇等。如襄二十一年經文：「冬十月庚辰，日有食之。」楊疏云：

此年與二十四年，皆頻月日食，據今例有無（宜作無有）頻食之理，
但古或有之，故《漢書・高祖本紀》亦有頻食。【卷十六，頁 4／p.157
下】

按：此楊疏引《漢書・高祖本紀》，言古有「頻食」之說，「頻食」意頻交而
食，隱三年楊疏云：「頻交而食者，則襄二十一年九月十月食，二十四年七月、
八月食是也。」【卷十，頁 12／p.14 下】。

此不勝煩舉，讀者可於附錄二，足見楊氏疏徵引之廣。

（二）廣采諸儒

就楊疏博采諸儒言，戰國時鄒衍，秦漢時有劉向、孔安國、揚雄、賈逵、
許慎、鄭玄、王肅等，魏晉南北朝有江熙、徐邈、徐乾、糜信、張靖、劉兆、
劉表、包咸、李奇、王弼等間雜南北，博收各家，引據之作用各不同，可見
其融會貫通處。至於同代之前輩大儒有劉炫、陸德明（又作陸得明）等。今
茲舉以證之，如：宣公二年「秋，九月乙丑，晉趙盾弒其君夷皋」傳曰：「靈
公朝諸大夫而暴彈之，觀其辟丸也。趙盾入諫，不聽；出亡，至於郊。」范
注：「……易曰：『繫用徽纆，示于叢棘，三歲不得，凶』是也。自嫌有眾當
誅，故三年不敢去。」楊疏云：

> 易曰：「繼用徽纆，示于叢棘，三歲不得，凶」者，易坎卦上六爻辭，
> 但易本繼作係。陸德明云：「寘，置也」。王弼云：「險峭之極，不可
> 升也；嚴法峻整，難可犯也；宜其囚執，寘于思過之地。三歲，險
> 道之夷也；險終乃反，故三歲不得，凶也。」馬融云：「徽纆，索也。」
> 陸得明云：「三糾繩曰徽，二糾繩曰纆。」劉表云：「三股爲徽，二
> 股爲纆」【卷十二，頁 4／p.116 下】

案：疏中引陸德明、王弼之語，以訓易、坎卦上六爻辭中「寘」之義及爻辭
之函意。又引馬融、陸得（德）明、劉表以訓「徽纆」意及其區別，足見楊
疏徵引之富。

> 又如成元年經：「無冰。」傳曰：「終無冰矣，加之寒之辭也。」疏云：
> 加之寒之辭也。謂於此月書者，以此月是常寒之月，加甚之辭。故
> 麋信、徐邈亦云：十二月最爲寒盛之時，故特於此月書之是也。【卷
> 十三，頁 1／p.128 上】

按：楊疏釋「無冰」之意，并引麋、徐之說以證之。

> 又如莊十三年經：「齊人、宋人、陳人、蔡人、邾人會于北杏。」疏云：
> 鄭《釋廢疾》數九會，則以柯之明年爲始。范今數衣裳則通言北杏
> 之會三（閩、監、毛本同何校本作：二是也）說不同者，鄭以孔子
> 云：「九合諸侯，北杏之會」經無諸侯之文，故不數之；范以傳文直
> 云「衣裳之會」不論諸侯多少，北杏傳云：齊侯、宋公也，故并以
> 北杏數之，范亦以傳云「衣裳之會，十有一；兵車之會，四」故與
> 鄭不同。【卷五，頁 17／p.52 上】

按：楊疏此引鄭《釋廢疾》與范注比較其異也。

而對范注徵引諸儒，偶亦考其人，如隱公三年「春，王二月，已巳，日
有食之。」疏末言京房：

> 京房，漢人，字君明，頓丘人也，本姓李，推律自定爲京氏，爲易
> 作傳，故曰京房易傳也。【卷一，頁 12／p.14 下】

五、引用舊說舊解及其他

舊說、舊解爲楊氏注疏引用者亦不少。〔註 40〕馬國翰於《玉函山房輯佚

〔註40〕依《春秋經傳注疏引得》引舊解四十二條，舊說八條。（燕京大學圖書館引得
　　　編纂處出版）

書・經編・春秋類・序》〔註41〕云：

> 案：漢書〈儒林傳〉，穀梁學者，惟尹及劉向有書，劉書隋唐志不載，
> 范注於劉佚說皆明標劉向，隕石于宋注引劉說，疏引舊說云：「與劉
> 向合」明非劉氏說矣！且尹在漢爲穀梁博士，名在周慶、丁姓之上，
> 又獨有著書，則凡引穀梁說及舊說者，皆尹氏章句無疑也。

案：注疏中引「穀梁說」二條，及舊說，馬氏考之爲漢人尹更始章句。〔註42〕
然舊解指何者？范序提及：「《左氏》則有服、杜之注，《公羊》則有何、嚴之
訓，釋穀梁者雖近十家，皆膚淺末學……」疏云：

> 服、杜者，服虔、杜預也；何、嚴者，何休、嚴彭祖也；近十家者，
> 魏晉已來注穀梁者有尹更始、唐固、麋信、孔演、江熙、程闡、徐
> 仙民、徐乾、劉瑤、胡訥之等，故曰近十家也……膚淺末學者，舊
> 解以爲服、杜、何、嚴皆深於義理，不可復加，故不論之……【序
> 頁 10／p.7 下】

案：疏引舊解以爲近十家與服等四家比較，可見舊解蓋指胡訥（梁人）之後
爲楊氏所隱去名氏解穀梁者。又徐震於《穀梁箋記》之「穀梁舊疏」〔註43〕
亦云：

> 爲穀梁注者，范氏而外，有段肅、唐固、麋信、張靖、徐乾、胡訥、
> 程闡、孔衍、徐邈、劉兆等，安知楊氏所謂「舊解」者，非此諸家
> 之注乎？今案楊氏所引「舊解」，有釋疏序者，使爲諸家之注，必不
> 釋及范序矣。又有釋范注者，如莊元年傳：「人之於天也，以道受命；
> 於人也，以言受命。」舊解既引范注而釋之。文二年傳：「大事於大
> 廟，躋僖公。」舊解復明引范說。足證「舊解」的爲舊疏，且楊氏
> 引麋信、徐邈等說，亦皆顯標其名，無稱爲舊解者，此既然矣。

按：此徐震考舊解有釋范注而諸家之注未釋范注，故「舊解」非諸家之注，
且諸家之注於楊疏中皆標其名，而推證「舊解」確爲舊疏矣。

〔註41〕馬國翰《玉函山房輯佚書》，（文海出版社）。
〔註42〕尹氏章句何時而亡？王先謙《漢書補注》引周壽昌曰：「春秋隱九年俠卒。」
　　　　穀梁傳曰：「俠者所俠也」楊氏疏云：「徐邈引尹更始云『所者，俠之氏。』
　　　　是更始之書，至晉猶存，而王氏未錄。」案：更始之書爲徐邈（晉人）所引，
　　　　故至晉猶存。隋志注云：梁有春秋穀梁傳十五卷，漢諫大夫尹更始撰，亡其
　　　　書蓋亡於隋唐之際。（轉引自王熙元《穀梁注疏考徵》頁20，廣東出版社）
〔註43〕徐震《穀梁箋記》頁86，（國立武漢大學，文哲季刊，西元1941年10月）。

故綜上所論，舊說，乃指西漢尹更始之說；舊解，蓋指舊疏，爲南北朝後經學家之解（「說」、「解」此爲訓詁之術語）楊疏並引之，或引以存異，或證其經義，此兼收古今之說，可謂博大，補苴無遺。

如昭八年經：「秋，蒐于紅。」傳曰：「射而中，田不得禽，則得禽，田得禽而射不中，則不得禽，是以知古之貴仁義而賤勇力也。」疏云：

> 古之貴仁義者，謂田獵之時，務在得禽，不升降是勇力也。射弓之內，有揖讓周旋是仁義也。田雖不得禽，射中而得禽，是貴仁義而賤勇力。舊解以爲射弓（按：弓宜作宮）之內還能死禽，中則取之，故以重傷爲雅（按：應作難）《論語》稱射不主皮，則射皮，不射禽也。【卷七，頁 8／p.168 下】

按：疏引舊解主射宮之射及論語主皮之射，明貴仁義、賤勇力之理。

然疏亦有謬說者，如：文公元年「天王使叔服來會葬。」傳云：「其志重天子之禮也。」楊疏云：

> 五年，毛伯來會葬，會葬之禮於鄙上。此叔服來會葬，云「其志重天子之禮也」者，舊解以爲叔服在葬前至先鄉（即）魯國，然後赴葬所。毛伯以喪服發後始來，先之竟上，然始至魯國，故傳釋有異辭也，或此釋者之所由，故云「重天子之禮也」彼解會葬之處，故云於鄙上。二者互言之，未必由先後至，理亦通也。【卷十，頁 1／p.98 上】

案：此舊解之誤，楊氏援引爲之己疏，亦因其謬矣！詳見第六章第二節「拘傳例之失」。

除舊解、舊說外，楊氏疏尚援用「一解」、「一曰」、「或以爲」、「記異聞」、「或問曰」、「答曰」等隱去其名者之注，或依文疏范、或引以解經傳文、或引以存異者，如襄十四年經文：「衛侯出奔齊。」疏云：

> 今衛侯以惡甚而書日，所以不名者，鄭忽出奔衛，傳曰：「其名失國也。」衛侯雖惡甚，以其不失國，故不名見得國入，書名以明惡也。……
> 一解：以衛侯不名者，出奔書日以見罪惡甚，故不復名也，理亦通耳。【卷十五，頁 14／p.153 下】

按：此楊疏依傳例「其名失國也。」以解經，末又引「一解」以存異也。又隱七年經文：「叔姬歸于紀。」、襄十九年傳文：「軋，辭也。」下之疏文亦引「一解」矣。

又如文二年傳文：「作主壞廟，有時日於練焉。壞廟，壞廟之道，易檐可也，改塗可也。」疏云：

> 或以爲練而任主之時，則易檐改塗，故此傳云：於練，壞廟，於傳
> 文雖順舊說，不然，故不從之。直記異聞耳。【卷十，頁 2／p.99 上】

按：此楊疏引「或以爲」釋傳意，然又不從其說，可視爲存異說也。

六、融通他說，闕疑遺哲

唐疏乃集各家之說，以求融通，欲使經義歸趨於一也。楊疏中亦有融通他說及范注者，如隱五年九月經文：「初獻六羽。」傳曰：「穀梁子曰：舞夏，天子八佾，諸公六佾，諸侯四佾。」范注：「明夫人無武事，獨奏文樂。」楊疏云：

> 今仲子，特爲築宮而祭之，婦人既無武事，不應得用干戚，故云：「獨
> 奏文樂。」何休、徐邈之等并用范說，則是相傳爲然。【卷二，頁
> 21／p.20 下】

按：此楊疏言范釋爲仲子「獨奏文樂」意，與何休、徐邈同。

又如文十八年經：「夫人姜氏歸于齊。」傳曰：「惡宣公也。」范注：「宣公亦文公之子，其母敬嬴惡，不奉姜氏。」疏云：

> 注并言敬嬴者，注意欲明宣公是敬嬴所生，是非惡敬嬴也。舊解：
> 宣公不使其母奉養姜氏故言之，禮亦通也。【卷十一，頁 13／p.113
> 上】

按：楊疏引舊解而融通范注者也。

除融通他說，學春秋者，最恥郢書燕說，「多聞闕疑，愼言其餘。」，乃聖人之明訓也。眾知范注有謂「甯所未詳」，蓋於其所不知，寧闕如，毋妄下斷語；楊疏亦承其矜愼之態度，有不明之義則兼采博引、羅列眾說，以求其詳明，如此節四「博采群書諸儒」，若徵文不詳，不能作斷，則云「先儒無說，不敢斷」如隱元年：「天王使宰咺來歸惠公仲子之賵。」疏云：

> 或當襚者衣服之名，故送死之衣，亦名襚也。衣多少之數，喪大記
> 小斂之衣，皆十九稱。大斂之衣，君百三十稱。斂衣稱數不同，則
> 所歸襚服亦當有異，但所歸者，未必具其稱，先儒無說，不敢斷其
> 多少也。【卷一，頁 5／p.11 上】

然楊氏對其不肯定之義，則於注疏有「未審范意亦然以否」之辭，或對

其所疑者，輒言「略舉所疑，遺諸來哲」；反之楊疏對其肯定之疏，亦言「范意當亦然也。【卷十二，頁 9／p.119 上】」以表同其說，可見其矜慎態度，不敢妄斷也。如：宣五年「叔孫得臣卒。」疏云：

> 隱公元年傳曰：「大夫不日卒，惡也。」今叔孫得臣不日卒，亦惡可知矣。何休云：「知公子遂弒君而匿情不言」，未審范意亦然以否。【卷十二，頁 6／p.117 下】

案：疏引何休所注公子遂惡之史實，來補證穀梁之義例，范雖無注，其亦不敢專以己意為是，故云「未審范意亦然以否」。

又如：莊公元年「秋，築王姬之館于外。」疏末亦云：「略舉所疑，遺諸來哲。」【卷五，頁 3／p.45 上】；又二十四年「戊寅，大夫宗婦，覿用幣。」疏云：「恐別有案據，遂存之以示疑。」【卷六，頁 7／p.60 上】，凡此皆不求其必斷之處也。

第三章　楊氏疏對范注之疏正

　　楊氏穀梁傳疏以平易近理、文清義約著稱，其宗本范注；然對范注舛誤亦時有匡正。本章「楊氏對范注之疏正」，有對范注所徵引本經傳文、群籍及諸儒之注等皆指明其出處依據，即第一節「對范注注文徵引之指明」是也；有疏通范注所釋經傳之文辭，除明其訓詁之理外，亦兼釋范所注名物及典章禮制與風俗、天文地理、草木、文意說解者，爲第二節「對范注文辭訓釋之注疏」是也；而第三節「對范注史實徵引之注疏」，以探討范注重史實，而楊疏爲之說明史實之原委，及經傳所寄之大義，可見范注不憑空臆測也；第四節「發明書法傳例之注疏」，楊氏或就范注擇錄而疏之、或其自引略例而疏之者，可見釋范氏傳例，屬辭比事間之差異及其意義是也；第五節「對范注『寧所未詳』之注疏」，乃對范氏所疑而釋之，或疏范注所疑之由、或依己意以疏解之，此可見楊疏實深達范注是也；又有補備范氏所未注、駁正范注之失者，即第六節「補匡范注之注疏」是也，以見楊疏濟范注之窮矣。

第一節　對范注注文徵引之指明

　　范注穀梁，備及三傳、群書、諸儒以爲注，或明引或暗用，其未指明者爲數頗多。楊氏作疏，於范注未明言處，則爲之指明。有以下六點：

一、指明范注傳別例之所在者

　　范甯自序有「商略名例」之言，楊氏疏以爲此即范氏別爲略例百餘條，是范氏於集解外，又別爲傳例也。(此前已提及，見第二章註32)而范注穀梁，則於不發傳文處直注以「傳例曰」，然未明其出自何年文，楊疏則爲之指明，

亘相互對照，以見通篇之貫例也。茲舉例以明之：

1、隱二年經文：「鄭人伐衛。」

　　范注：「傳例曰：斬樹木、壞宮室曰伐。」

　　疏云：「傳例曰者，五年傳文也。」

案：此五年，乃指隱公五年。【卷一，頁11／p.14 上】

2、隱五年經文：「春，公觀魚于棠。」

　　范注：「傳例曰：公往時正也。」

　　疏云：「莊公二十三年傳文。」【卷二，頁3／p.21 上】

3、僖三年經文：「冬，公子季友如齊涖盟。」

　　范注：「涖，位也；內之前定之盟謂之涖；外之前定之盟謂之來。」

　　疏云：「昭七年傳文。」【卷七，頁7／p.72 上】

如是者，皆楊疏指明傳文，以發范注傳例也。

二、指明范注以傳注傳者

　　范注有引以傳注傳者，楊疏則并亦指明其為何年文。如：

　　1、隱三年經文：「春，王二月，己巳，日有食之。」范注：「邵曰……傳無外辭之文者，蓋時無外壞也，而曰：或外辭者，因事以明義例爾。猶傳云：『三穀不升謂之饉，四穀不升謂之康，亦無其事。』」楊疏「注三穀至其事」云：

　　　　釋曰：襄二十四年傳文也，彼傳云：一穀不升謂之嗛，二穀不升謂之饑，三穀不升謂之饉，四穀不升謂之康，五穀不升謂之大侵。【卷一，頁13／p.15 上】

案：楊疏除指明傳文外，亦將全數傳文引出。

　　2、僖三十一年經文：「夏四月，四卜郊」傳曰：「免牲者，為之緇衣熏裳，有司玄端，奉送至于南郊，免牛亦然。」范注：「全曰牲，傷曰牛，牛有變而不郊，故卜免牛。」楊疏「注全曰至免牛」云：

　　　　哀元年傳文也。【卷九，頁13／p.95】

　　3、哀二年經文：「晉趙鞅帥師納衛世子蒯聵於戚。」范注：「江熙曰：『鄭世子忽反正有明文』……」楊疏云：

　　　　云「鄭世子忽反正有明文」者，桓十五年鄭世子忽復歸于鄭。傳曰：

　　　　「反正也。」【卷二十，頁4／p.119 下】

此指明傳注傳，并指明其何年傳文也。

三、指明范注本諸左氏傳注者

范注穀梁，并不主一家，或兼采三傳異說，然范氏采其說時有明引者，如僖十四經文：「夏六月，季姬及繒子遇于防，使繒子來朝。」汜注：「左傳曰：繒季姬來寧，公怒之……」條者是；或有暗引者，則由楊疏指出，其采杜預注者亦然。〔註1〕茲舉數例以明之。

（一）指明本諸左傳

1、隱公八年經文：「秋七月庚午，宋公、齊侯、衛侯盟于瓦屋。」傳云：「……明詛不及三王，交質子不及二伯。」范注：「夏后有鈞臺之享，商湯有景毫之命。周武有盟津之會，眾所歸信，不盟詛也。」楊疏云：

> 盟津之會，昭四年左傳文。三王眾所歸信，故不盟詛也。【卷二，頁9／p.24 上】

又范注：「二伯謂齊桓、晉文，齊桓有召陵之師，晉文有踐土之盟，諸侯率服不質任。」疏云：

> 今此傳以周末言之，故知謂齊桓、晉文也，其召陵之師，踐土之盟，亦昭四年《左傳》文。【卷二，頁9／p.24 上】

2、隱公十年經文：「六月壬戌，公敗宋師于菅。辛未，取郜。辛巳，取防。」傳云：「取邑不日，此其日何也？不正其乘敗人而深為利，取二邑，故謹而日之也。」范注：「禮不重傷，戰不逐北，公敗宋師于菅，復取其二邑，貪利不仁，故謹其日。」楊疏云：

> 不重傷，僖二十二年《左傳》文。【卷二，頁12／p.25 下】

按：此楊疏指明范注取《左傳》文。

3、昭公十四年經文：「冬，莒殺其公子意恢」傳曰：「……曹莒皆無大夫，其所以供大夫者，其義異也。」范注：「曹叔振鐸，文王之子，武王封之于曹，在旨服之內，後削小爾。」楊疏云：

> 在甸服之內者，定四年《左傳》文。【卷十八，頁1／p.176 上】

按：定四年左傳云：「曹為伯甸，非尚年也。」杜注：「以伯爵居甸服。」傳言曹無大夫，是小國無大夫例，注欲明其後始削，故據左傳以言其先世為伯爵。

（二）指明本諸杜預注

1、隱公元年經文：「春，王正月。」范注：「隱公之始年，周王之正月也。

〔註1〕詳見王熙元《范注穀梁發微》第二章「范注釋穀梁經傳之依據」，頁281。

杜預曰：『凡人君即位，欲其體元以居正，故不言一年一月也。』楊疏云：

> 何休言諸侯不得改元，則元者王之元年，非公之元年，公之即位，
> 不在王之元年，安得同日並見，共成一體也。言既不經，故氾所不
> 信。元年實是一年正月，實爲一月而別爲立名。故范引杜預之言以
> 解之。【卷一，頁1／p.9上】

按：此范注明指杜預之注，楊疏氏引何休注并駁釋其意，並言范氏所取杜預
「體元居正」之由。鍾文烝《穀梁補注》卷一云：「范注用杜預者多，此以『杜
預曰』著於下，其實上二句亦杜語。」〔註2〕

2、成公八年經文：「晉侯使韓穿來言汶陽之田歸之于齊。」范注：「晉爲
盟主，齊還事晉，故使魯還二年齊所反之田。」楊疏云：

> 《公羊》以爲齊侯敗。案：之後七年不飲酒、不食肉，晉侯高其德，
> 遂反其所取侵地。此雖無傳，齊頃是中平之主，安能以一敗之後，
> 七年不飲酒、食肉乎？故以爲晉爲盟主，齊還事晉，故使魯還二年
> 齊所反之田。杜預解《左氏》，其意亦然。【卷十三，頁 12／p.133
> 下】

按：楊疏依理駁公羊以申范意，并言「杜預解左氏其意亦然。」其實本自杜
預也。故鍾文烝《穀梁補注》云：「此本杜預而詳之。」〔註3〕是也。

四、指明范注本諸公羊傳注者

（一）指明本諸公羊傳文

1、隱元年經文：「夏五月，鄭伯克段于鄢。」傳曰：「……然則爲鄭伯者，
宜奈何？緩追逸賊，親親之道也。」范注：「君親無將，將而必誅焉，此蓋臣
子之道，所犯在己，故可以申兄弟之恩。」楊疏「注君親至之恩」云：

> 莊公三十二年《公羊傳》文。【卷一，頁5／p.11上】

按：然此范注與公羊同者，唯首二句，非至恩也，足見楊疏之不察。

2、宣公二年經：「秋，九月乙丑，晉趙盾弒其君。」傳曰：「趙盾入諫，
不聽，出亡，至於郊。」范注：「禮，三諫不聽則去，待放於竟三年，君賜之

〔註2〕 鍾文烝《穀梁補注》頁2，（民國57年12月台一版，商務印書館，國學基本
　　　 叢書四百種）。
〔註3〕 鍾文烝《穀梁補注》頁459，（民國57年12月台一版，商務印書館，國學基
　　　 本叢書四百種）。

環則還，賜之玦則往。」楊疏云：

> 三諫不聽則去，待於於竟三年，《公羊傳》文。【卷十二，頁4／p.116
> 上】

按：楊疏指范注取諸公羊傳文。又案：此乃合公羊莊公「三諫不從，遂去之。」、宣元年「古者大夫已去，三年待放。」二文之意。

3、昭公元年經文：「三月，取鄆。」范注：「鄆，魯邑。言取者，叛戾不服。」楊疏云：

> 公羊傳曰：「鄆者何？內之邑也。其言取何？不聽也。」何休云：「不
> 聽者叛也。」是范所據之文也。【卷十六，頁1／p.156上】

按：楊疏引公羊傳文及何休注原文，以釋范本出自公羊。鍾文烝《穀梁補注》卷二十一云：「公羊曰：『鄆者何？內之邑也。其言取之何？不聽也。』與圍棘同，皆謂其叛，此范所本。」〔註4〕

（二）指明本諸何休傳注

1、僖公二十七年經文：「十有二月甲辰，公會諸侯盟于宋。」范注：「地以宋，則宋得與盟，宋圍解可知。」楊疏云：

> 《左氏》之意，公會諸侯盟于宋，宋不與盟。何休與范皆云：「地以
> 宋，則宋得與盟。」二傳以無晉救宋之文，故與左氏異也。【卷九，
> 頁10／p.93下】

按：何休《公羊解詁》云：「地以宋者，起公解宋圍，為此盟也。宋得與盟，則宋圍解可知也。」范乃節引其文而釋之，楊疏指出何休與范同文，實則為范本諸何休之說。又鍾文烝《穀梁補注》卷十一，以為此杜氏之說為是，其云：「杜預曰：『宋方見圍，無嫌於與盟，故直以宋地。』杜說是也。范注本何休，何氏以此盟歸功於僖，因有是說，不可依用。」〔註5〕

2、桓公四年經文云：「天王使宰渠伯糾來聘。」范注：「宰，官也；渠，氏也。天子下大夫老，故稱字。」楊疏云：

> 公羊傳曰：「伯糾者何？下大夫也。」何休云：「稱伯者，上敬老也。」
> 今范亦同之。【卷三，頁9／p.32上】

按：楊疏引公羊何休注原文，並言范之說同。實則范取其說也。

〔註4〕 見鍾文烝《穀梁補注》頁576，（民國57年12月台一版，商務印書館，國學
基本叢書四百種）。
〔註5〕 同上註，頁306。

五、指明范注取諸群書者

范注春秋穀梁經傳，博取群書諸儒以爲注，其未明引者，楊疏輒指明之。如：

（一）指明范注取諸經書

1、隱公九年經文：「春，天王使南季來聘。」傳曰：「聘諸侯，非正也。」范注：「周禮：『天子時聘，以結諸侯之好；殷覜，以除邦國之慝；問問，以諭諸侯之志；歸脤，以交諸侯之福；賀慶，以贊諸侯之喜；致禬，以補諸侯之災。』」楊疏云：

> 范所引者，《周禮·大行人》文也……范此注周禮者，證有下聘之義也。【卷二，頁 10／p.24 下】

按：楊疏指明范所引《周禮》之篇名並言其用意。又按：范所引之文於《周禮·大行人》文中首加「天子」二字。

2、莊二十二年經：「春，王正月，肆大眚。」范注：「《易》稱：『赦過宥罪』、《書》稱：『眚災肆赦』、經稱『肆大眚』皆放赦罪人，蕩滌眾故。」楊疏云：

> 言「肆大眚」者，謂放失大罪惡……《易》稱：「赦過宥罪」者，解卦辭也，象曰：「雷雨作。解，君子以赦過宥罪。」解卦，坎下震上，震爲田，坎爲雨，雷雨下而萬物解散，故君子以此卦象而放赦罪人。《書》稱：「眚災肆赦」〈舜典文〉，孔安國云：「眚過災害；肆，緩也，過而有害，當緩赦之。」此傳云：「肆，失也。」則亦緩之，類以經傳稱「肆大眚」。……【卷六，頁 2／p.57 下】

按：楊疏此就范注所引《易》、《書》經指明其出處，并與「肆大眚」之意相通處說明之。

3、文公五年經文：「春王正月，王使榮叔歸含且賵（音奉）。」范注：「含，口實也。禮記曰：『飯用米貝，弗忍虛也。』諸侯含用玉……」楊疏云：

> 飯用米貝，不忍虛也，《禮記·檀弓》文；諸侯含用玉，《禮緯文》也。【卷十，頁 8／p.101 上】

按：前者范注但舉書名，楊疏補其篇名。後者則指出引自《禮緯》文。〔註6〕其於隱元年疏有引文云：「或以爲《禮緯》：『天子用珠，諸侯用玉。』【卷一，頁 6／p.11 下】」

〔註6〕王熙元《穀梁范注發微》頁 121，指出此馬氏《玉函山房輯佚書》以爲禮緯含文嘉佚文，而黃氏佚書考則以爲禮緯稽命徵佚文，未知孰是？

4、僖九年經文：「公會宰周公、齊侯、宋子云云于葵丘。」傳曰：「禮，柩在堂上，孤無外事，今背殯而出會，以宋子爲無哀矣。」范注：「欑木如（同：槨）塗之曰殯。周（宜作殷）人殯於兩楹之間，周人殯於西階之上。宋，殷後也。」楊疏云：

> 〈檀弓〉又云：夏后氏殯於東階之上，殷人殯於兩楹之間，周人殯
> 於西階之上。是注據之文也。【卷八，頁4／p.79下】

按：楊疏指明范注所徵引之文，亦出自《禮記·檀弓》篇。

（二）指明范注取諸史子等書

如文公十年經文：「楚殺其大夫宜申。」范注：「僖公四年傳曰：『楚無大夫』，而今云殺其大夫者，楚本祝融之後，季連之胄也，而國近南蠻，遂漸其俗，故棄而夷之。今知內附中國，亦轉強大，故進之。」楊疏云：

> 楚本至進之，《國語》與〈楚世家〉文也。【卷十一，頁1／p.107下】

按：楊疏此處指明范注取諸《國語》與《史記·楚世家》。

又如昭公十二年經文：「冬，晉伐鮮虞。」范注：「鮮虞，姬姓白狄也。」楊疏云：

> 鮮虞、姬姓白狄也者，《世本》文也。【卷十七，頁13／p.171上】

按：范注言明鮮虞與晉同姓，而楊疏指范注本諸於《世本》文。

楊疏除指明范注本諸何書外，抑或釋其書，如襄公二十四年經文：「大饑。」傳曰：「鬼神禱而不祀。」范注：「周書曰：『大荒有禱無祀。』」楊疏云：

> 《周書》者，先儒以爲仲尼刪尚書之餘，今據其書，與《尚書》不
> 類，未知孰是與非也。【卷十六，頁7／p.159上】

按：楊氏釋《周書》異於先儒之說，但又未能肯定，故言未知孰是孰非？

又如哀二年經文：「晉趙鞅帥師納衛世子蒯聵於戚。」范注：「此矛楯之喻也。」疏云：

> 《莊子》：楚人有賣矛及楯者……【卷二十，頁4／p.200上】

按：此楊疏明范注「矛楯之喻」非出自《莊子》，然《莊子》無此文也，而文乃出自《韓非子》，楊疏誤矣。詳見第六章第五節「考據之失」。

六、指明范注取諸諸儒者

范氏集解乃集各家之說以爲注，作注時引之，或直稱其姓名，如「董仲

舒曰」、「劉向曰」,楊氏或闡釋其義,或指明其與某同意,或明其引之原由,或言其所出,或略釋諸儒說解之始末等。

如隱公五年經文:「宋人伐鄭,圍長葛。」傳曰:「苞人民,毆牛馬曰侵;斬樹木、壞宮室曰伐。」范注:「制其人民,毆其牛馬,賊去之後,則可還反;樹木斬,不復生,宮室壞,不自成,故其為甚重也。」楊疏云:

> 鄭玄云:「苞人民,毆牛馬,兵去則可以歸還,其為害輕;壞宮室,斬樹木,則樹木斷,不復生,宮室壞,不自成,為毒害更重也。」
> 是鄭意亦以斬樹木、壞宮室為重。【卷二,頁5／p.22上】

按:楊疏此處指出范注本於鄭意,鍾文烝《穀梁補注》卷二〔註7〕亦言:「注論害之輕重,本鄭君《釋廢疾》,見疏。」

第二節　對范注文辭訓釋之注疏

楊氏於范注文辭訓釋之注疏,前人評謂「平易近理」。其可分六端說明之:

一、對范注文字訓詁之注疏

楊疏匯集漢詁之大成,對范注文字訓詁,亦明其法而闡釋之。如:

(一)明范用假借義以疏之

如:莊公三十二年,傳曰:「男子不絕于婦人之手。」范注:「齊,絜也。」楊疏云:

> 齊者,齋絜之名,故《記》稱齊之為言齋也,是齊、齋意同,故范訓為絜,或古者齊、齋同字,此傳齊即讀齋,理亦通。【卷六,頁17／p.65上】

按:此處楊氏以假借義釋之,又以古今字代為齊齋同字,故訓為絜也。但俞樾《群經平議》卷二十四辨云:「范解非也,以齊之為正,以齊終也,猶曰以正終也,上文曰:『寢疾,居正寢,正也』,若訓齊為絜,則與上義不蒙矣。」其例証可詳見「男子不絕于婦人之手,以齊終也」條。〔註8〕故此范注失而據其失。

〔註7〕同第一章註40,頁41。
〔註8〕見俞樾《群經平議》頁1545,河洛圖書公司。王熙元《范注穀梁發微》頁773。

（二）明范本異義而疏之

如定十二年傳文：「墮猶取也。」范注：「墮非訓取，言今但毀其城，則邱永屬己，若更取邑於他然。」疏云：

> 傳言墮猶取也，即其訓而曰非者。何休難云當言取，不言墮猶壞耳。無取於訓詁，鄭君如此釋之，今經墮其爲義。【卷十九，頁 14／p.192下】

按：夫猶者，本異義而相通之謂也。段玉裁云：「凡漢人解詁，本異義而通之曰猶。」楊疏此處明范注「墮非訓取義」之義，并引用何休駁范注，復又引鄭玄駁何之說，言此以事義視之。鍾文烝《穀梁補注》云：「今墜壞其城，魯乃取之，故曰：『墮猶取也』言猶者，以事釋義，比之他言猶者，則小異也，墜之本訓爲壞。」又云：「范依《釋廢疾》而注，非傳意也。傳專釋墮邱，乃承上十年兩圍邱言之，十年圍其義，而此年墮其城，明至此始取之也。」〔註9〕

（三）疏通范注之用辭

如隱七年夏經文：「城中丘。」范注：「建國立城邑有定所，高下大小存乎王制，刺公不脩勤德政，更造城以安民。」楊疏云：

> 高下者，〈考工記〉云：王宮門阿之制五雉，宮隅之制七雉，城隅之制九雉。門阿之制，以爲都城之制，宮隅之制，以爲諸侯之城制是也。大小者，《左傳》云：大都不過參國之一，中五之一，小九之一是也。此城中丘與九年夏城郎。例時者，功役之事，摠指天象故也。
> 【卷二，頁 6／p.23 下】

按：楊疏引〈考工記〉與《左傳》以釋范注高下、大小之意。

又如昭公十一年經文：「大蒐于比蒲。」范注：「夏而言蒐，蓋用秋蒐之禮。」楊疏云：

> 傳稱夏曰苗，秋曰蒐，今五月大蒐，自是用秋蒐之禮，而去「蓋」者，以傳無文，故云「蓋」以示疑也。【卷十一，頁／p.170 上】

按：楊疏前傳字乃指桓公四年傳文，後傳字指此無傳文，明范用「蓋」字以示疑也。

又如閔公二年，傳曰：「吉禘者，不吉者也。喪事未畢，而本吉者也，喪事未畢，而舉吉禘，故非之也。」范注：「莊公薨，至此方二十三月，喪未畢。」

〔註9〕見鍾文烝《穀梁補注》頁 675。

疏云：

> 方者，莊公以三十二年八月薨，至此年五月，始滿二十一月，未盡
> 其月，爲禘祭，故言方，或可譏其「大速」以甚言之，故云方也。【卷
> 六，頁 20／p.66 下】

按：楊疏此以事義釋「方」意。

又如宣十二年經文：「葬陳靈公。」范注：「踰三年而後葬，則國亂居可
知矣。非日月小有前卻，則書不嫌。」疏云：

> 諸侯五月，至三年故曰踰也。非日月小有前卻者，未五月謂之前，
> 過五月謂之卻。【卷十二，頁 13／p.121 下】

按：此處楊氏以義通疏范注中「踰、前、卻」之意。

二、對范注名物說解之注疏

范注解經傳，以義爲主，然對名物等亦有注，如是可想見當時之物狀，
然范注未盡者，楊疏或引証而疏之。如：

1、釋衣類

如成五年經文：「梁山崩。」傳曰：「君親素縞，帥群臣而哭之。」范注：
「素衣縞冠，凶服也。所以凶服者，山川，國之鎮也，山崩川塞，示哀窮。」
楊疏云：

> 《禮》云素縞者，鄭玄云：「黑經白緯謂之縞，縞冠素純以純喪冠，
> 故謂之素縞，是祥祭之冠也。」今云：素衣縞冠，與鄭異也。【卷十
> 三，頁 8／p.131 下】

按：楊疏弔鄭玄之釋素衣縞冠爲祥祭之禮，而范注乃指祭山川之服。

又如宣八年經文：「葬我君頃，雨不克葬。」范注：「《士喪禮》有潦車載
蓑笠，則人君之張設，固兼備矣。」楊疏云：

> 《士喪禮》有潦車載蓑笠者。《毛詩傳》云：蓑，所以備雨；笠，所
> 以禦暑是也。【卷十二，頁 9／p.119 上】

按：楊疏引《毛詩傳》以釋蓑笠之用途。

2、釋物類

如隱五年九月經文：「初獻六羽。」范注：「羽，翟羽，舞者所執。」楊
疏云：

范知羽是翟羽者，以衛詩〈簡兮〉云：「左手執籥，右手秉翟。」故

是羽即是翟也。【卷二，頁 3／p.21 下】

按：楊疏引衛詩〈簡兮〉，以證范注「翟」為羽之意。

又如僖九年經文：「公會宰周公、齊侯、宋子云云于葵丘。」傳曰：「禮，柩在堂上，孤無外事，今背殯而出會，以宋子為哀矣。」范注：「欑（音攢）木如槨（同：椁）塗之曰殯。周（宜作殷）人殯於兩楹之間，周人殯於西階之上。宋，殷後也。」楊疏云：

《禮記・檀弓》云：天子之殯也，菆（音攢）塗龍輴（音尊）以椁；

鄭玄云：菆木周龍輴如椁而塗記之也。天子以輴車畫轅為龍也。彼

說天子之禮，故云：龍輴，則諸侯亦設輴而不畫龍，其用木欑之，

亦如椁，故范云：欑木如椁也。【卷八，頁 4／p.79 下】

按：此楊疏明范注「欑木如椁」，并釋天子、諸侯「椁」之別——設輴畫龍、不畫龍。

又如成七年春，傳曰：「郊牛曰展斛（觓），角而知傷。」范注：「斛，球球然角貌。」疏云：

牛角云觓者，詩稱「兕觥其觓」，又曰「有觩其角」是也。【卷十三，

頁 10／p.132 下】

案：此楊疏引《詩經》，以范注釋「觩」之意。

又如昭八年秋，傳曰：「流芳握。」范注：「車兩軸頭各去門邊容握。」楊疏云：

范注兩軸頭，本或作轊者，兩軸，兩轊只是一物，故鄭注〈少儀〉

亦以軸為轊也。【卷十七，頁 8／p.168 下】

案：楊疏言軸、轊同一物，並引鄭注為証也。

三、對范注典章禮制與風俗之注疏

董子云：「春秋為禮義之大宗。」禮者，所以定名分，各分定則尊卑貴賤有序，井然不亂，況魯是守文之國，禮儀之都，故《禮記・明堂位》言魯：「天下以為有道之國，天下資禮樂焉。」故孔子甚重禮焉。然禮制有其時代性，代有因革，雖古籍備載，然眾說紛紜，莫衷一是，范注引禮為說甚多，其或有未盡者，則楊氏疏之。今舉例以明之：

（一）禮制之注疏

1、祭祀之禮

桓八年經：「春正月己卯，烝。」傳曰：「烝，冬事也。」范注：「春祭曰祠，薦尚韭卵，夏季曰礿，薦尚麥魚。秋季曰嘗，薦尚黍肫，冬季曰烝，薦尚稻雁。」楊疏云：

> 何休云：「祠，猶食也，猶繼嗣也，春物始生，孝子思親，繼嗣而食之。礿（音樂）者，麥始熟可汋也。嘗者黍先熟可得薦，故曰嘗。烝，眾也，所薦眾多，芬芳備具，故曰烝。」……又云「天子四祭四薦，諸侯三祭三薦，大夫、七再祭再薦，天子諸侯卿大夫牲而太牢，天子元士、諸侯卿大夫少牢，諸侯之士特豕，天子之牲角握，諸侯角尺，卿大夫索牛。」此記異聞耳。【卷四，頁 5／p.36 上】

按：此范注從何休說，注疏引范所未引者，以明四時祭宗廟名之義，並引異聞說明天子等用牲禮分別。又按《國語》：「觀射父曰：『天子舉以太牢，祀以會（韋昭注：會，會三大牢，舉四方之奠，諸侯舉以特牛，祀以太牢，卿舉以少牢，祀以特牛，大夫舉以特祀以魚。」與此不同，而「異聞」，則是引自《尚書傳》。

又如僖十五年經文：「震夷伯廟。」傳曰：「天子七廟，諸侯五，大夫三，士二。」范注：「祭法曰：『王立七廟曰考廟、王考廟、皇考廟、顯考廟、祖考廟，有二祧。』……（諸侯）曰：『考廟、王考廟、皇考廟……』」楊氏疏：引鄭注《禮記》云夏、商、周廟之別，又引《王制》文，言「與傳合」；後又釋《祭法》與《王制》之別。【卷八，頁 13／p.83 下】疏文甚長，可覆按之，茲不敘。

2、喪葬之禮

如僖九年經文：「伯姬卒。」傳曰：「內女也。未適人不卒，此何以卒也？許嫁，笄而字之，死則以成人之喪治之。」楊疏引《喪服‧大功章》、〈喪服傳〉、《禮記‧檀弓》、〈曾子問〉以釋女子之殤與成人喪之等級、差異，葬殤之棺、夫為之服喪等【卷八，頁 5／p.80 上】。文甚長，茲不敘。

又如定十五年九月經文：「滕子來會葬。」范注：「邾、滕，魯之屬國，近則來奔喪，遠則來會葬……」疏云：

> 范例云：會葬四……傳曰：周人有喪，魯人有喪，周人弔魯人，不弔周人，責魯人曰「吾君親之」，是以知王者之喪，諸侯親會之。據

釋天子之大夫來會葬，言重天子之禮，故范例舉之，不謂皆是禮也。

【卷十九，頁 18／p.194 下】

按：周人等定元年經文，楊疏辨范例會葬雖有四，但書天子之喪，諸侯親會葬爲禮，反之諸侯喪，天子大夫來會葬亦是禮，然而諸侯間親會葬，則爲非禮也。

3、聘　禮

凡諸侯聘於魯，春秋皆書來聘，皆使卿；然天子崩，則不得行朝聘之禮。如襄公元年經文：「九月宰酉，天王崩。邾子來朝。冬，衛侯使公孫剽來朝，晉侯使荀罃來朝。」楊云：

《周禮》：「諸侯之邦交，歲相問，殷相聘，世相朝。」又《左傳》
云：「凡諸侯即位，小國朝之，大國聘焉。」此年公新即位，故各行
朝聘禮也。知王崩赴未至者，禮，諸侯爲天子斬衰，若其聞喪，豈
天子以九月崩，當月即邾子來朝，冬初即晉、衛來聘，魯是有禮之
國，焉得受之？明知赴未至，故各得行朝聘之禮也。猶如襄二十九
年吳子餘祭五月所弒，赴未至魯，故季札以六月致魯，仍行聘事，
亦此類也。若然，經書九月天王崩者，赴雖在十月之未告，以九月
崩耳，知王崩，諸侯不得行朝聘之禮者，《魯（曾）子問》云：諸侯
相見，揖讓入門，不得終禮廢者幾，孔子曰六：天子崩、大廟火、
日食、后夫人之喪、雨霑服、失容，則廢。是天子崩，不得行朝聘
也。【卷十五，頁 1／p.147 上】

按：楊疏引《周禮》、《左傳》言新君即位，各國各行朝聘之禮，然天子崩不得行其禮，並推襄公二十九年之例，言此王崩赴告未至，故此行之。末又引《曾子問》言孔子曰六種現象不得行朝聘之禮。

由上可知，楊氏疏對典章禮制之注疏，大體而言，亦甚用心矣。

（二）風俗之注疏

風俗之注疏，可使吾人知當時社會之情狀。如：哀十三年傳曰：「吳，夷狄之國也，祝髮文身。」范注：「文身，刻畫其身以爲文也。必自殘毀者，以辟蛟龍之害。」楊疏云：

荊楊之域，厥（音同掘）其塗泥人，多游永，故刻畫其身，以爲蛟
龍之文，以辟其害。……又吳俗祝髮文身，衣皮弁服，不能衣冠相
襲。【卷二十，頁 13／p.204 上】

按：楊疏此言吳（荆楊）有斷髮文身之俗，并言其由爲避蛟龍之害。

四、對范注天文地理之注疏

（一）天文之注疏

如：文六年傳文：「閏月者，附月之餘日。積分而成於月者也。」范注：「一歲三百六十餘日，又有小月，六積五歲，得六十日而再閏，積眾月之餘分，以成此月。」楊疏云：

> 古今爲曆，君皆云：周天，有三百六十五度四分度之一，日之行天，一日一夜行一度，故謂一度爲一日。一歲十二月，唯有三百六十日，是餘五日四分之一也。又月一大一小，則一年之間，又有六日并言之，則一歲有十二日，故積五歲得六十日。此皆大率而言，其實一年不得有十二日，范不知曆法細計之，故云：五歲得六十日也。【卷十，頁10／p.102下】

按：楊疏此言范注爲古曆之梗概，并評其曆法不精確，茲以下示之：

一周天有　365 1/4 度

一日一夜行　1 度

一年十二個月共三百六十日，則行　360 度

故　365 1/4－360＝5 1/4

又月有大、小之分，則一年多六日

6＋5 1/4＝11 1/2 其實一年只多 11 1/4 日，然范以爲多 12 日

故范氏以爲積五歲　12×5＝60 楊評：范氏未細計曆法

	范氏	楊氏	附註（楊氏云）
一年多餘之日 6＋5 1/4＝	12	11 1/4	其實一年只多 11 1/4 日
積五歲多餘之日	12×5＝60		范氏未細計曆法

（二）國地名之注疏

范注地名，多本杜預，此眾皆知，而楊疏於地名多不考，蓋以范爲說，然亦有范注未明而爲之說者。如：

1、昭公元年經文：「三月，取鄆。」范注：「鄆，魯邑。言取者，叛戾不服。」疏云：

> 案：《左氏》：鄆爲莒邑，范知魯邑者，以經有城諸及鄆之文，此鄆

不繼莒，故知魯邑也。《公羊傳》曰：「鄆者何？內之邑也。其言取何？不聽也。」何休云：「不聽者，叛也。」是范所據之文。【卷十七，頁 1／p.165 上】

按：楊疏引《公羊傳》文，并言范注取諸公羊，楊氏其亦以爲鄆爲魯邑，然鄆實爲莒邑，見吳連堂《春秋穀梁經傳補注研究》頁 70。〔註10〕

2、成十八年：「築鹿囿。」范注：「築墻爲鹿地之苑。」楊疏云：

范知非爲鹿築囿，而以鹿爲地名。案：「郎囿」既是地名，則此鹿亦是地名。【卷十四，頁 14／p.143 下】

案：楊疏以郎囿推之，釋鹿囿爲地名。鍾文烝《穀梁補注》：「疏是也。不言築囿于鹿，與築臺于郎異者，囿皆以地爲名也。」〔註11〕

五、對范注草木之注疏

如：文三年經文：「雨螽于宋。」傳文：「外災不志，此何以志也？曰：災甚也。其甚奈何？茅茨盡矣。著於上，見於下，謂之雨。」范注：「茨，蒺藜（音疾黎）。」楊疏云：

徐邈云：禾稼既盡，又食屋之茅茨，今范云：「茨，蒺藜。」則與徐異也。【卷十，頁 6／p.100 下】

按：此楊疏引徐之說，以正范注釋「茨」爲非也。其雖未正面駁之，然不同其說，明矣。鍾文烝《補梁補注》云：「王樵曰：徐說嘗驗有之。」〔註12〕又按：茨，有二義，一爲用茅草蓋屋，如《說文》：「茨，茅蓋屋。」；二爲「蒺藜」草名，如《詩·鄘風·牆有茨》：「牆有茨，不可掃也。」傳曰：「茨，蒺藜。」吾人考之傳意，當以楊疏爲是，且其當驗之於現實生活，故鍾氏《穀梁補注》亦引而說之，故范注以蒺藜草釋之，誤也。

六、對范注文意說解之注疏

范注經傳，有簡略，楊氏爲之補明其意；有言其然，而未言其所以然；注疏或申明其由，或闡釋其所以然，或舉証以明之，此皆以文意說解范注。

〔註10〕吳連堂《春秋穀梁經傳補注研究》（國立高雄師範大學國文研究所碩士學位論文，民國 76 年 6 月）。
〔註11〕見該書頁 491。
〔註12〕見該書頁 342。

茲舉例以明之。

（一）補明其意

此於范注文之有簡略、疑問、與矛盾處，予以補充說明，使完足其意。

如隱七年夏經文：「城中丘。」范注：「建國立城邑有定所，高下大小存乎王制，剌公不脩勤德政，更造城以安民。」楊疏云：

> 《禮記・王制》無此文，言存乎王制者，謂王者之法制也。【卷二，頁 6／p.23 下】

按：揚疏此辨范注「王制」之意，非《禮記・王制》，而是指王者之法制。

又如僖五年經文：「杞伯姬來朝其子。」傳曰：「諸侯相見曰朝，以待人父之道，待人之子，非正也。故曰：『杞伯姬來朝其子，參譏也。』」范注：「參譏謂伯姬、杞伯、魯侯也。」楊疏云：

> 并譏之者，伯姬託事而行近於淫泆，失爲婦之道，杞伯不能防其閨門，令妻至魯，失爲夫之宜；魯待人之子行待父之禮，失爲主之度，故三事同譏之也。【卷七，頁 12／p.74 下】

按：此范注簡略，楊疏舉史實以明范注之譏伯姬、杞伯、僖公三人。

又如僖三年經文：「齊侯、宋公、江人、黃人會于陽穀。」范注：「所謂衣裳之會。」楊疏云：

> 傳稱「衣裳之會十有一」，今此注特言「所謂衣裳之會」者，以傳有其文，故注因顯之，不謂直此是所謂衣裳也。【卷七，頁 7／p.72 上】

按：此楊疏補充說明范注特言「所謂衣裳之會。」

（二）申明其由

如昭八年秋，傳曰：「以葛覆質以爲褻質。」范注：「葛或作褐。」楊疏云：

> 葛，或爲褐者，謂（爲）之毛市覆之。徐邈亦云：「恐傷馬足，故以毛市覆之。」【卷十七，頁 8／p.168 下】

按：楊疏除疏明葛之意外，並引徐邈說申明用葛之由。

又如襄三年經文：「公及晉侯盟于長樗。」范注：「晉侯出其國都與公盟於外地。」楊疏云：

> 范知出國都與公盟者，上言公至自晉，不言長樗，故知之也。【卷十五，頁 3／p.148 上】

按：楊疏由公至自晉，闡明范注之由。

又如文二年經文：「及晉處父盟。」范注：「晉大夫，陽處父。」楊疏云：

> 經不言陽，注知之者，以下有「晉殺其大夫陽處父」故也。【卷十，
> 頁3／p.99上】

按：此楊疏明范注知「晉處父」為「陽處父」之由。

又如昭二年經文：「晉荀吳帥師敗狄于太原。」傳曰：「傳曰：中國曰太原，夷狄曰大鹵，號從中國，名從主人。」范注：「襄五年注詳矣。」楊疏云：

> 桓二年亦有文，而注言襄五年者，桓二年論郕鼎之事，襄五年則同
> 論地事，故注指之。【卷十七，頁1／p.165上】

按：楊疏此處補明范注言「襄五年注詳矣」，而不言「桓二年」之由。

（三）闡釋其所以然之理

如桓公十三年經文：「己巳，及齊侯、宋公、衛侯、燕人戰，齊師、宋師、衛師、燕師敗績。」范注：「徐邈曰：僖九年傳曰：禮柩在堂上，孤無外事，今衛宣未葬而嗣子稱侯，以出其失禮明矣。宋、陳稱子而衛稱侯，隨其所以自稱者而書之，得失自見矣。」楊疏云：

> 宋稱子，在僖九年，陳稱子在二十八年。得失自見者，彼二君稱子，
> 是其得，今衛惠稱侯，是其失也。【卷四，頁6／p.38下】

按：楊疏此舉證范注「得失自見」，所以然之意也。

又如定四年傳文：「闔盧曰：大之甚！勇之甚！」范注：「子胥匹夫，乃欲復讎於國，言其孝甚大，其心甚勇。」楊疏云：

> 子胥之復讎違君臣之禮，失事王之道，以匹夫之弱，敵千乘之強，
> 非心至孝，莫能然也。得事父之孝，非敬長之道，故曰「其孝甚大」，
> 若夫子胥父欲被誅，竄身外奔，布衣之士而求干列國之君，吐弓矢
> 之志，無疑難之心，故曰「其心甚勇。」【卷十九，頁8／p.189下】

按：楊疏此處明范注稱「其孝甚大」、「其心甚勇」之所以然之理。

（四）舉証以明范注

此又可分為二端，一是引經傳文，以明證其義，一是舉證以明范注之意。

前者，有如：僖四年經文：「楚屈完來盟于師，盟于召陵。」范注：「屈完來如陘師盟，齊桓以其服義，為退一舍。」楊疏云：

> 一舍者，古者師行，每舍三十里。上云：「屈完來盟于師。」下即云：

　　　　「盟于召陵。」知非大遠，故云：「一舍」，宣十五年《左傳》：「華
　　　　元謂子反曰：『去我三十里。唯命是聽。』」亦其證也。【卷七，頁 7
　　　　／p.73 上】

按：楊疏此引《左傳》，以明證一舍三十里之意。又如：僖九年經文：「諸侯
盟于葵丘。」傳曰：「葵丘之會盟而不歃。」范注：「所謂無歃血之盟，鄭君
曰：『盟牲，諸侯用牛，大夫用豭。』」按：此楊疏引《左傳》云：「諸侯盟，
誰執牛耳。」又曰：「鄭伯使卒出豭。」是其證也。【卷八，頁 5／p.80 上】以
證范注引鄭君釋「盟牲」之意。此亦可見楊氏疏與范注之相發明也。又按：「諸
侯至牛耳」、「鄭伯至豭」，哀公十七年、隱公十一年左傳文。

　　後者如；文十二年經文：「晉人、秦人戰于河曲。」傳曰：「不言及，秦、
晉之戰已亟，故略之也。」范注：「亟，數也。」楊疏云：

　　　　七年戰于令狐，十年秦伐晉，此年又戰于河曲，是數也。【卷十一，
　　　　頁 5／p.109 上】

按：鍾文烝《穀梁補注》：「亟訓數者，頻數也。」〔註 13〕此楊疏以舉史實之
例，明范注「亟，數也。」之意。

　　又如桓公二年春，傳曰：「其日及，何也？書尊及卑，春秋之義也。」范
注：「邵曰：會盟言及，別內外也；尊卑言及，上下序也。」楊疏云：

　　　　及者有二義，故范引邵云……別內外者，謂魯與他人會盟皆先魯以
　　　　及他，若隱公元年「公及邾儀父盟于眛」及「宋人盟于宿是也。」
　　　　上下序者，此孔父、荀息、仇牧皆先言君，後言臣是也。【卷三，頁
　　　　3／p.29 上】

案：楊疏舉例明范注會盟，尊卑言及之意。鍾文烝《穀梁補注》曰：「凡及，
皆以尊及卑。君臣也、夫婦也、內外也、主客也、華夷也，一也。故特言春
秋之義，所以廣包諸文，注未得傳意。」徐以為春秋之義，尊及卑，無須分
會盟，尊卑。

第三節　對范注史實徵引之注疏

　　春秋之為經，蓋重義也。孟子說春秋，一曰其事，一曰其文。文者，史
所記事也。孔子曰：「其義則丘竊取之。」而左氏傳史，公、穀傳義，苟不明

〔註13〕見該書頁 370。

史實而爲之解，則穿鑿臆說，離經愈遠矣。楊疏中對范注史實徵引之注疏，茲舉例以明：

1、隱七年經文：「冬，天王使凡伯來聘，戎伐凡伯于楚丘以歸。」傳云：「以歸，猶愈執也。」范注：「夫天子之使過諸侯，諸侯當侯任疆場，膳宰致餼，司里受館，猶懼不敬，今乃執天子之使，無禮莫大焉。」疏云：

> 《國語》云：「定公使單襄公聘于宋，遂假道于陳，以聘于楚。陳侯人不在疆，膳宰不致餼，司里不受館，單子歸以告王曰：『陳侯不有大咎，國必亡。』王曰：『何故？』對曰：『……是棄先王之法制也。周之秩官有之，敵國賓至，司里授館，甸人積薪，膳宰致飧，廩人獻餼，寡人如歸。今臣承王命以過陳，司事莫至，是蔑先王之官也。」是文出於彼。【卷二，頁8／p.23下】

按：楊疏所引，乃《國語·周語》「單襄公論陳必亡」文，明執天子之使爲無禮之史實。

2、哀二年經：「晉趙鞅帥師納世子蒯聵於戚。」范注：「鄭君曰：蒯聵欲殺母，靈公廢之是也。」楊疏云：

> 案定公十四年《左傳》云：衛侯爲夫人南子召宋朝，會于洮，大子蒯聵獻盂于齊，過宋野，野人歌曰：「既定爾婁豬，盍歸吾艾豭」，大子羞之，謂戲陽速曰：「從我而朝少君，我顧，乃殺之。」速曰：「諾。」乃朝夫人，夫人見大子二（三）顧，速不進，夫人見其色，啼而走，曰：「蒯聵將殺余。」公執其手以登臺，大子奔宋是也。【卷二十，頁4／p.199下】

按：楊疏引《左傳》定十四年文所敘之史實，以明范注言蒯聵被廢之由。

3、僖四年經文：「楚屈完來盟于師，盟于召陵。」傳曰：「大國之以兵向楚，何也？桓公曰：昭王南征不反，菁茅之貢不至，故周室不祭。屈完曰：『菁茅之貢不至，則諾。昭王南征不反，我將問諸江。』」范注：「問江邊之民，有見之者不？故退于召陵而與之盟。」楊疏云：

> 《呂氏春秋》云：「周昭王親征荊蠻，反涉漢梁，敗隕于漢中，辛餘靡振王北濟。高誘注引《左傳》云：『昭王不復，君其問諸水濱？』則昭王沒於漢，不得振王北濟也。」故舊說皆云：「漢濱之人以膠，膠舡（音香）舩壞，昭王溺焉，則昭王沒漢，此云「問江邊者」江漢水之相近者，楚人不服罪，不指王之死處，而云：問諸江也。」

【卷七，頁 7／p.73 下】

按：此楊疏引《呂氏春秋・季夏紀》、《左傳》以明范注「問江邊之民，有見之者不？」之史實。

又如范序：「幽王以暴虐見禍，平王以微弱東遷。」疏云：

> 《周本紀》：幽王既得褒姒，廢申后而黜太子宜臼，申侯與鄫人及犬戎殺幽王於驪山之下，盡取周賄而還，乃與諸侯就申立太子宜臼，是為平王東遷洛邑是也。【序，頁 4／p.4 下】

按：楊疏引《史記・周本紀》以明范序「幽王以暴虐見禍，平王以微弱東遷」之意。

第四節　對范注發明書法傳例之注疏

春秋之義，為孔子所寄託；而例，乃為學者所歸納，非孔子作春秋前，即先定書法之例，洪興祖云：「春秋本無例，學者因行事之以為例，猶天本無度，治曆者因周天之數以為度也。」〔註 14〕，故吾人今對義例之態度，不宜全盤否定或肯定。徐復觀先生于《兩漢思想史》卷三〔註 15〕云：

> 孔子的文字是否由書法而見？春秋的文字，既出於魯史之舊，則所謂書法（按：即義例）也應分為三部分：一部分是魯史之舊的書法；另一部分是孔子的書法；再一部分是作傳的人由揣測而來的書法。三部分混合在一起，難於辨認，但由此可以得出既不應完全拘守書法，也不應完全否定書法的結論。

鍾氏其言是也。此說可作吾人對三傳義例之參考。范氏於集解外，另撰略例百餘條，范注穀梁集解或擇而錄之；其無錄者，則多由楊氏引而注疏之。

一、就范注擇錄而疏之者

范注擇錄其略例以明穀梁義例，王熙元先生《范注穀梁發微》第四章「范注對穀梁義例之發明」，多有闡明。不復舉之。今僅一例以說之。如：哀十三年經：「公會晉侯及吳子于黃池。」范注：「及者，書尊及卑。」疏云：

〔註 14〕蔣伯潛《經學纂要》頁 132（民國 53 年 3 月三版，正中書局）。
〔註 15〕見徐復觀《兩漢思想史》頁 257，（民國 78 年 2 月初版三刷，學生書局，當代學術叢刊）。

隱二年傳云：「會者，外爲主焉爾。」今言公會晉侯，則晉爲主於黃
池，而公往會之。既以晉侯爲主，會無二尊，故言及，以卑吳也。【卷
二十，頁 13／p.204 上】

案：疏乃釋「及」之意。鍾文烝《穀梁補注》云：「疏說未盡，凡公會諸國，
晉侯下皆無及文，豈會有二尊乎？爲吳以夷狄進稱子，不可遂從列數之文，
與中國同例，故加及文，而注明其爲書尊及卑也。」〔註16〕又案：桓二年傳
云：「其曰及，何也？書尊及卑，春秋之義也。」

二、楊疏引錄略例而疏之者

楊疏引錄而疏之，此乃前人所謂楊氏「割裂范氏傳例而散入注疏中」之
例。今舉數例以明之（其餘詳見第四章第二節）：

1、莊公十年經文：「三月，宋人遷宿。」傳云：「遷，亡辭也。」范注：
「爲人所遷，則無復國家，故曰：亡辭。閔二年齊陽亦是也。」疏云：

春秋言遷有二種之例：一表亡辭者，此文是也；二見存亡國者，邢
遷于夷儀是也……范略例云：「凡遷有十，亡遷有三者，齊人遷陽、
宋人遷宿、齊師遷紀是也；好遷有七者，邢遷夷儀、衛遷帝丘、蔡
遷州來、許遷于葉、許遷于夷、許遷于羽、許遷於容城是也。【卷五，
頁 15／p.51 上】

今按：亡辭，滅亡之別辭，楊疏言遷有二意，表亡辭及存亡國（好遷，即僖元
年傳文：「遷者，猶得其國家以往者也。」）并引范氏略例舉證以明之，此乃明
宋國之亡。又案：鍾文烝《穀梁補注》云：「疏論許遷是也。」又云：「范例及
疏并言遷紀非也。」鍾氏有辨之者，文甚長，可覆按之，茲不更敘。〔註17〕

2、昭公三十一年經文：「晉侯使荀躒唁公于乾侯。」傳曰：「唁公不得入
于魯也。曰：既爲君言之矣。不可以意如也。」疏云：

范例云：唁有三，弗失國曰唁。唁雖有三，弔失國三，三釋一而已。
【卷十八，頁 13／p.182 下】

今按：疏引范例言書唁雖有三，即昭二十五年：「齊侯唁公于野井。」、二十
九年春：「齊侯使高張來唁公。」、三十一年：「晉侯使荀躒唁公于乾侯。」，
皆釋弔失國之意。何休云：「弔亡國曰唁，弔死者曰弔。」，此經書「唁」不

〔註16〕鍾文烝撰《穀梁補注》，頁 713，（國學基本叢書四百種，臺灣商務印書館）。
〔註17〕同上註，頁 155。

書「弔」，乃明公將終身失國之意。

　　3、桓九年經文：「春，紀季姜歸于京師。」傳云：「爲之中者，歸之也。」范注：「中，謂關于婚事。」疏云：

> 劉夏逆王后，經不言歸，則是魯不關與婚事。而范氏略例云：「逆王
> 后有二」者，以書逆王后，皆由過魯，若魯主婚而過我，則言歸；
> 若不主婚而過我，則直言逆。雖詳略有異，俱是過魯，故范以二例
> 總之。【卷四，頁3／p.37上】

今按：楊疏此明「逆」、「歸」之別，乃魯爲主婚，何休曰：「明魯爲媒，當有送迎之禮。」即傳曰：「爲之中者。」故應書「歸」。（此詳見第四章第二節之二「善取范氏例爲釋」之婚姻例。）

第五節　對范氏所謂「甯所未詳」之注疏

　　范注穀梁，態度矜愼，多聞闕疑，於其所不知，多稱「甯所未詳」或「甯不達此義」。〔註18〕楊氏疏范注，于此之注疏，有依范語而明其由，或據己意而疏之；其若無疏，蓋同范說也。如：

一、依范注明其由者

　　即說明范氏「甯所未詳」之原委。

　　1、隱公九年經文：「春，天王使南李來聘。」傳云：「聘，問也。聘諸侯，非正也。」范注：「《周禮》：『天子時聘以結諸侯之好，殷覜以除邦國之慝，間問以諭諸侯之志，歸脤以交諸侯之福，賀慶以贊諸侯之喜，致禬以補諸侯之災。』許愼曰：『禮，臣病君親問之；天子有下聘之義。』傳曰：『聘諸侯，非正』」范注：「」疏云：

> 范此注引《周禮》，證有下聘之義也。而傳云：「非正也。」故云：「甯
> 所未詳。」【卷二，頁10／p.24下】

今按：楊疏明范引《周禮》欲証天子有下聘之義而疑傳之由，因未直駁經傳，故云「甯所未詳」。然此欵於吳浩《十三經義疑》卷十一之說足弖破，其云：「武子未詳穀梁之義，特泥於周禮大行人職，而不考之時事耳。蓋諸侯不朝

〔註18〕范言「甯所未詳」可詳見王熙元《范注穀梁發微》第三章第三節之十九「自
　　　　稱甯所未詳以說之」，頁485。

而王下聘，傳云非正者，傷周室之衰也。」〔註19〕王熙元先生《范注穀梁發微》對此亦有詳說。〔註20〕

2、莊公元年經文：「齊師遷紀、郱、鄑、郚。」傳云：「紀、國也，郱、鄑、郚，國也。或曰：遷紀于郱、鄑、郚。」范注：「若齊師遷紀于郱、鄑、郚，當言「于」以明之，又不應復書也，當如宋人遷宿，齊人遷陽。或曰之說，甯所未詳。」疏云：

> 此范難「或曰」之說，言宿、陽既亡不地，則此不應復書地，何書於郱、鄑、郚乎？【卷五，頁4／p.45下】

今按：楊疏此處明范所以疑「或曰」之說及言「甯所未詳」之由。

二、楊疏據己意而疏之者

此為范氏直疑經傳而未言其由，楊氏據己意而疏之。如：

1、莊公二十二年經：「夏五月。」范注：「以五月首時，甯所未詳。」疏云：

> 何休云：「譏莊公娶讎女，不可以事先祖，猶五月不宜以首時。」杜預云：「莊公獨稱夏五月者，疑謬誤也。」范以二者惛無憑，故云「甯所未詳」也。【卷六，頁3／p.58上】

今按：此楊氏據己意，引何休、杜預之說，并臆范氏以二者之說無憑而疏其意。王熙元《范注穀梁發微》〔註21〕云：「春秋之例，年之四時，雖或無事，必空書首月，以紀事變。夏時首月，今以之月首時，故范云未詳。當從鍾氏（按：鍾文烝）「史文殘闕」之說。

2、昭公十年經文：「十有二月甲子，宋公成卒。」范注：「不書冬，甯所未詳。」疏云：

> 何休云：「去冬者，蓋昭取吳孟子之年，故貶之。」范既不注，或是闕文也。【卷十七，頁9／p.169上】

今按：楊氏引何休之說，并意云范氏不從，以為范氏或疑是闕文，此亦楊疏據己意而疏范「甯所未詳」之處。

又按：桓公七年夏，范注：「下無秋，冬二時，甯所未詳。」；定十四年，

〔註19〕見《欽定四庫全書經部七・五經總類》，頁191～349。
〔註20〕同上註，頁758。
〔註21〕該書頁488。

范注「無多，甯所未詳。」楊亦無疏，蓋同疑爲闕文也。

餘如：定公六年夏，范注：「仲孫忌而曰仲孫何忌，甯所未詳。公羊傳曰：『譏二名』」；成十六年，范注：「無二事，會則致會，伐則致伐，上無會事，當言至自伐鄭，而言至自會，甯所未詳。鄭君曰：『伐而致會，於伐事不成。』」楊氏無疏，蓋如同范說也。

第六節　補匡范注之注疏

楊氏于范未注而有補疏者，又有「刊落曲說繁言」異於「左氏、公羊義疏曲爲杜、何偏護附會」，而爲范注誤正者。以下略論之：

一、補范未注者

（一）有引他書及前人舊解，以補范注者

有如引左、公以補以者。如成三年經文：「叔孫僑如帥師圍棘。」范無注，楊疏云：

> 《公羊》、《左氏》皆以棘爲汶陽之田邑，此傳無說，事或然也。【卷十三，頁6／p.130下】

今按：楊疏引左、公以補范未釋棘地之由也。

又如成十五年經文：「宋殺其大夫山。」疏云：

> 《左氏》以背其族。何休注《公羊》以爲譖華元，貶之。《穀梁》無說，不知所從。【卷十四，頁8／p.140】

今按：楊疏引左及何休注公羊以補范未釋殺大夫之由，因楊氏不肯定，故云「《穀梁》無說，不知所從」。餘如僖元年經：「公敗邾師于偃。」【卷七，頁3／p.70上】、二年經：「齊侯、宋公、江人盟于貫。」【卷七，頁6／p.71下】皆引《公羊傳》以補范也。

又有引他書以補之者，如魯十二公，疏或引〈魯世家〉、《左傳》、《周書》、《世本》而疏之。如隱公，疏云：

> 《魯世家》隱公名息姑，惠公之子，周公八世孫，以平王十九年即位，隱者謚也。《周書‧謚法》曰：「隱拂不成曰隱，魯雖侯爵，據臣子言之，故謂之公。【卷一，頁1／p.9上】

今按：其他各例詳見楊所疏魯公之謚號。

　　亦有引舊注以補范者，如成十六年經文：「刺公子偃。」范無注，楊疏
云：

　　　徐邈云偃爲僑如所譖，故云無罪；《左氏》云爲姜氏所立，二者未知
　　　孰是？【卷十四，頁 11／p.142 上】

今按：此楊疏引徐邈及左氏釋公子偃被刺之由，因其未肯定，故云「二者未
知孰是？」。餘如昭元年經：「莒去疾自齊入于莒，莒展出奔吳。」【卷十七，
頁 1／p.165 上】昭四年經：「九月取繒。」【卷十七，頁 3／p.166 上】等范皆
無注，楊疏取徐邈之注以補范也。又僖三年公傳文：「不言及者，以國與之也；
不言其人，亦以國與之也。」【卷七，頁 7／p.72 上】范無注，楊疏引舊解、
糜信、徐邈之注以補范也。

（二）有推本傳文例而補范者

　　如成十五年經文：「鼓用牲於社。」范無注，楊疏云：

　　　「鼓用牲於社」，莊二十五年傳稱：「鼓，禮也。」鼓既是禮，所以
　　　書之者，鼓當用於朝。今用之於社，鼓雖得禮，用之失處，故書也。
　　　若然，後亦鼓之於社，而云禮者，彼對用牲爲非禮，故云：「鼓，禮
　　　也」。其實用鼓，亦非其處，若得其處，經不當書耳。【卷十一，頁
　　　10／p.111 下】

按：此楊疏引莊二十五年傳文：「鼓，禮也。」，推釋經文用於社爲非禮，當
用於朝。

　　又如襄十七年經文：「九月，大雩。」范無注，疏云：

　　　前年大雩不月，此月者，僖十一年傳曰「雩正也。」是九月八月雩
　　　得正，故前年雩不正，時也。【卷十六，頁 1／p.156 上】

今按：此處楊疏推穀梁「雩例」釋之，以補范注所未備。

（三）有依己意而補范者

　　如襄十六年經文：「晉人執莒子、邾子以歸。」疏云：

　　　諸侯不得私相治。執人以歸，非禮明矣。【卷十六，頁 1／p.156 上】

按：楊疏「執大夫，又有二義」一是大夫有罪，一是執人者有罪。〔註 22〕此
楊疏未指明依傳例──稱晉人是貶晉侯，然依理釋之亦可也。

〔註22〕見【卷十五，頁 12／p.152 下】。

二、駁匡范注者

（一）依己意以理駁正之者

　　如僖公元年經文：「冬十年壬午，公子友帥師敗莒師于酈，獲莒挐。」范注云：「江熙曰：『經書敗莒師。而傳云二人相搏，則師不戰，何以得敗，理自不通也。夫王赫斯怒，貴在爰整，子所慎三，戰居其一，季友令德之人，豈當舍三軍之整，佻身獨鬥，潛刃相害，以決勝負哉？雖千載之事難明，然風味之所期，古猶今也。此又事之不然，傳或失之。』」疏云：

> 老子云：「以政治國，以奇用兵」季子知莒挐之可擒，棄文王之整旅，佻身獨鬥，潛刃相爭，據禮雖乖，於權未爽，縱使理違，猶須申傳。況傳文不知江生何以為非乎？又且季子無輕鬥之事，經不應書「獲」，傳不須云「棄師之道」，既經傳文符而江熙妄難，范引其說意亦同之，乃是范失，非傳失之，又經書「獲」，所以「惡公子之紿。」今江熙云：「季子令德也」則是非獨不信傳，亦是不信經。【卷七，頁 3／p.70 上】

今按：老子之文，見其書第五九章，楊疏引之駁范據江熙之非，並駁范不信經傳，指范氏引江說是為「不信經」。王熙元先生云：「江熙不信相搏之說，故駁傳而從之。然傳義自有所受，所謂棄師之道者，言潛刃相紿，將棄師而不用也，則江熙之難非也，范不當取以駁傳。」〔註 23〕然於「書獲」之釋，范是楊誤矣。范注：「獲者，不與之辭，主善以內，故不言獲，據文十一年，『叔孫得臣敗狄于鹹』，不言獲長狄。」楊疏云：「內不言獲，乃是常例，至於長狄，則異於餘，宜書獲以表功，而彼文略之，由重傷故也。此注據以為證者，取不書獲之成文，不謂義旨全合。」【卷七，頁 3／p.70 上】鍾文烝《穀梁補注》駁云：「文烝案：注是疏非也。內不言獲者，經例因史例，或專是經例歟！此唯施於兵獲。」〔註 24〕

　　又如：成六年經文：「二月辛巳，立武宮。」傳曰：「立者，不宜立也。」范注：「舊說：『武公之宮廟，毀已久矣！故傳曰不宜立也。』《禮記·明堂位》曰：『魯公之廟，文世室也；武公之廟，武世室也。』言世室，則不毀也，則義與此違。」疏云：

> 《禮記》稱世室，此傳云不宜立者，《禮記》周末之書，以其廟不毀，

〔註 23〕見王熙元《穀梁范注發微》頁 750。
〔註 24〕見該書頁 226。

> 故謂之世室；此以武公之廟毀來已久，今復立之，故云不宜立，范
> 義與此違。【卷十三，頁9／p.132上】

今按：此楊疏言「范義與傳違」而駁范，齊召南亦云：「經明書立武宮是新作也，如果舊爲不毀之廟，豈至此時始立乎？傳直言不宜立是也，范氏轉執〈明堂位〉以疑經傳，誤矣。」柳興恩亦云：「述曰：『《漢書》立原廟。原，再也，再立廟也，制應本此魯武公廟，本不毀，至此以誇武功，再立其廟，禮與本傳無違也。』」〔註25〕今按范引舊說是，然范反引〈明堂位〉駁舊說，故疏言「世室」以明其不毀，而今武公廟毀已久，故申傳駁范「范義與違」，齊氏亦駁范之失，言世室無文武之分及執明堂位以疑經傳，誤矣。柳氏亦強調禮與傳無違也。

（二）引本經傳及他書以駁正

如襄五年經：「冬，戍陳。」傳曰：「內，辭也。」范注：「不言諸侯，是魯戍之。」疏云：

> 《公羊》以爲諸侯雖至不可得而序，故獨言我也。杜預以爲戚會受晉命戍陳，諸侯各自遣戍不復告魯，故不書也。范注似魯獨自戍之。案檢上下則於理不得。何者？定五年歸粟于蔡。傳云：「專辭也。」彼專辭即與此戍內辭不異，彼歸粟，更云：「諸侯歸之。」則此戍陳，亦是諸侯同戍。襄三十年澶淵救災，具列諸國，故定五年歸粟，不復歷序諸侯，則此亦以救陳之文具列諸侯，故於戍之文，獨言魯戍也。彼傳云：「義逼也。」不足具列，則此亦以其事可知，故經文不序。【卷十五，頁5／p.149上】

按：此楊疏引他書及本經傳文而駁范。楊疏首引左公之說，其意同諸侯戍之，唯范以爲魯獨戍之，故楊疏又引定五年、襄三十年之傳文具列諸侯，以駁范注。故鍾氏《穀梁補注》云：「疏亦引彼傳以難注，范誤甚矣。」〔註26〕

又如襄五年經文：「叔孫豹、繒世子巫如晉。」傳曰：「外不言如，而言如，爲我事往也。」范云：「外相如不書爲魯事往，故同於內。」楊疏云：

> 《公羊》以繒世子巫，是繒之前夫人莒女所生，其巫之母，即是魯襄公同母姝妹，繒更娶後夫人於莒而無子，有女還於莒爲夫人生公子，但繒子愛後之夫人，故立其外孫莒之公子，故叔孫豹與世子巫如晉訟之。此傳直云「爲我事往也」，不知更爲何事？故徐邈注此取

〔註25〕同上註，頁759，及王熙元《穀梁范注發微》頁759。
〔註26〕見該書頁504。

《左氏》爲說云：爲我事往者，謂請繒于晉以助己出賦也。今范云：
「外相如不書爲魯事往，故同於內」也。下文「滅繒」此傳亦同。《公
羊》取外孫爲嗣，則此之如晉同《公羊》，理亦無損。但巫縱與魯同
是莒之外孫，傳不得云「爲我事往」，況又上四年范云：「姒氏，襄
公母杞姓也」，則襄公母，非莒女也，若同《左氏》，則於傳文爲順，
未審范意如何？或當范雖從公羊外孫爲嗣，此明如晉非爲外孫。【卷
十三，頁4／p.148下】

按：楊疏首引徐邈注駁范，次引上四年范注云杞女而非莒女，其意似從《左》，
然又不敢自專，故云：「未審范意如何？」鍾文烝《穀梁補注》云：「徐說得
傳意。傳言繒世子爲魯將屬其國，與魯大夫并往晉，故同諸內而言如也。《左
傳》上四年冬，公如晉，請屬鄫，晉侯許之，至此穆叔覿鄫大子于晉，以成
屬鄫，皆確然可據，惟下年莒人滅繒，則與魯屬繒事無涉，乃左氏之誤耳。《左
氏》知屬繒事不知滅繒，《公羊》知繒事不知屬繒，皆以如晉及莒滅二文牽連
爲一，皆誤也。」〔註27〕按：楊疏以《左氏》之說爲是，而駁范同《公羊》
之說，言若如范意，則傳文爲非。而范解乃與襄六年經文「莒人滅繒。」混
同說，故《穀梁補注》駁之。

（三）正范訓詁之誤者

如文二年經文：「八月丁卯，大事于太廟，躋僖公。」范注：「祖謂莊。」
疏云：

祖謂閔公也，僖繼閔而立，猶子之繼父，故傳以昭穆祖父爲喻，此
於傳文不失，而范氏謂莊公爲祖，其理非也。何者？若范云：「文公
僔倒祖考」則是僖在於莊公，謂之夷狄，猶自不然，況乎有道之邦，
豈其若是，明范說非也。【卷十，頁5／p.100上】

今按：楊疏正范注「祖謂莊」之誤，並云應作「閔」也。齊召南《穀梁注疏
考證・卷十》云：「楊疏直糾范注之失是也。」王熙元《穀梁范注發微》有詳
考。〔註28〕

（四）正范說解之非

如定公十五年經文：「鼷鼠食郊牛。」傳曰：「牛死改小牛，不敬莫大焉。」

〔註27〕見該書502。
〔註28〕見該書756。

范注：「定公不敬最大，故天災最甚。」疏云：

> 凡鼠食牛皆是不敬，而曰：莫大何？解成七年「鼷鼠食郊牛角。」
> 過有司也，改卜牛，鼷鼠又食其角，歸罪於君，皆道其所傳，明不
> 敬之罪小，今御牛體偏食，不敬之罪大也。【卷十九，頁 17／p.194
> 上】

今按：柯劭忞《春秋穀梁傳注》評范注云：「此非傳義。此牛死不言食角，則
食非一處，有司日省牲而不知，則不敬之莫大焉。」楊疏雖未駁范注，然其
疏未同范說，其意可知。

第四章　楊氏疏對經傳之發明

　　唐疏之於舊注，原是剪裁編纂前人之成果，以成其書者；然楊氏除疏范注及補備匡正范注舛誤外，尤其可貴者，在於能就前人未及處而多有所發明。故本章「楊氏疏對經傳之發明」，乃探討楊氏所用心闡發之處。以下分「經傳義理之闡明」、「經傳義例之發明」、「經傳文字之訓詁」、「穀梁解經方式之析論」等四端簡述之：

　　第一節「經傳義理之闡明」：《穀梁傳》論及孔子所寄之微言大義，江愼中以爲有十旨（見第一節所敘），而柯劭忞以爲有九旨〔註1〕，二者各有所長，然筆者以爲江氏之十旨，標目清晰，內容顯明，故依江氏所論，及筆者所考之楊疏，而得有正名、與霸、尊王攘夷、辨內外、崇賢、貴民重眾、論諱等七旨，此以見楊疏對經傳義理之闡明也；第二節「經傳義例之發明」，所論有楊氏善歸納穀梁傳文之例，及善取范氏例爲釋，或善舉證以明之及推其他，詳釋傳例、變例及疏解「重發傳者」之由六者；而第三節「經傳文字之訓詁」，有訓經傳文字，又有釋天文地理、人名氏姓、名物、敘事考史及文意說解者，致使內容更爲顯明；而校勘其文，亦使經傳文更趨於眞實。第四節「穀梁解經方式之析論」，有舉備見義、舉重言輕、省文相包、互文相包四者，楊疏藉此四者以明穀梁解經之津梁也，其中論經史例，亦可略知魯史與孔子筆削之別也。

〔註1〕　見柯劭忞撰《春秋穀梁傳注・序》所云：「一曰時、二曰月、三曰日、四曰天王、五曰天子、六曰王、七曰諱、八曰貶、九曰絕。」（大通書局，經學粹編十三）。

第一節　經傳義理之闡明

　　江愼中於《春秋穀梁傳箋釋》中言十旨，礮括春秋穀梁全經之義，其十旨爲：「一曰推世變，二曰託王正，三曰立伯統，四曰異內外，五曰尊周，六曰親魯，七曰故宋，八曰崇賢，九曰貴民，十曰重眾。」〔註2〕然江氏又云：「『故宋』：范、楊諸子於此既不能比其前後有所發明，而後儒遂有謂春秋非孔氏一家之書以駁傳者，眞所謂夏蟲之見矣。」〔註3〕，其實楊疏于「推世變」亦略也，今考楊疏於經義有發明者，略有以下數端：

一、正　名

　　孔子論爲政，必先正名。〔註4〕莊子亦言「春秋以道名分。」。〔註5〕胡適之先生曾將「正名」分爲三層次，即：「正名字、定名分、寓褒貶。」〔註6〕三者，前者是訂正一切名字之意義，如董仲舒所云：「春秋辨物之理，以正其名，名物如其眞，不失秋毫之末。」乃屬言語、文法學之範疇，無關乎義理；後二者即孔子、莊子「正名」之義，蓋爲嚴君臣上下尊卑貴賤而倡者。董仲舒曰：「夫春秋，上明三王之道，下辨人事之紀，別嫌疑，明是非，定猶豫，

〔註2〕　見《景印國粹學報舊刊全集》第六八至七三期，王雲五編，臺灣商務印書館。
〔註3〕　同上註，見《景印國粹學報舊刊全集》頁9871。今案：然楊疏有辨公羊「新周故宋」與穀梁「尊周親魯故宋」之義，前者之故乃指新故，相對新周而言，後者指親故，爲祖諱或王者之後，即故宋。如襄九年經：「宋災。」傳曰：「外災不志，此其志何也？故宋也。」疏云：徐邈云：春秋王魯，以周公爲王（何校本作後王）後，以宋爲故也。是亦以爲王者之後記災也。今范獨云「孔子之先宋人，故記其災，以黜周王魯，乃是公羊之誅，今徐乃取以解穀梁，故范不從之。」【卷十五，頁8／p.150下】按：此楊疏駁徐之從公羊「黜周王魯」之說，楊疏於隱元年有辨，其云：「何休注公羊云惟百者，然後改元立號，春秋託新王受命於魯，故因以錄即位。公羊又引王者孰？謂文王也。故范云「隱公之始年，周王之正月」以異之，不然公者不嫌非隱，何煩此注，明知爲排公羊說也，所書之公即魯隱所用之歷，即周正，安在黜周王魯也。又改正朔，雖是文王頒於諸侯，非復文王之歷，用今之歷，言文王之正，非也。又何休言諸侯不得改元，則元者王之元年，非公之元年，公之即位，不在王之元年，安得同日井見共成一體，言既不經，故范所不信。」此楊疏申范意「隱公之始年，周王之正月」并駁何「託新王受命於魯」之說也，足知楊氏雖於穀梁「尊周、親魯、故宋」之「故宋」無所發明，然其亦有「攻乎異端」之功矣。
〔註4〕　見《論語・子路》篇。
〔註5〕　見《莊子・天下篇》。
〔註6〕　見胡適之《中國古化哲學史》頁88（台北：遠流出版社，民國75年10月二版，胡適作品集三十一）。

善善惡惡，賢賢賤不肖……王者之大者也。」關於正名，楊氏亦云：

> 仲尼脩春秋，亦有改舊義以見褒貶者，亦有因史成文以示善惡者；
> 其變之也，不葬有三，爲齊桓諱滅項之類，是改舊也。其梁以自滅
> 爲文，鄭棄其師之徒，是因史之文也。故傳云：「我無加損焉，正名
> 而已矣。」【卷九，頁2／p.88下】

楊氏以爲孔子之作春秋，或因史之文以示人事之善惡，或改舊義以見褒貶，
皆所以正名；春秋者，孔子所以正名而作也。治春秋者，所嚴者義理而已。
義理在於經文之中，故發明經義，即治春秋之法。而楊疏又于宣二年傳文：「於
盾也，見忠臣之至；於許世子止，見忠孝之志。」疏云：

> 趙盾與許止加弒是同，而許君書葬、晉林公不書葬者，許止失嘗藥
> 之罪輕，故書葬以赦止，趙盾不討賊之罪重，故不書晉侯葬，明盾
> 罪不可原也。春秋必加弒於此二人者，所以見忠孝之至故也，忠孝
> 不至，則加惡名，欲使忠臣睹之不敢惜力，孝子見之，所以盡心，
> 是將來之遠防也。【卷十二，頁4／p.116下】

按：許止（見昭十九年文）、趙盾同有弒君之名，然孔子嚴以書葬與否，而見
一罪輕，一罪重，以明春秋重忠、孝之義，使後世見文者，爲人臣不敢不竭
盡所能以侍君，爲人子者宜愼慮盡心以侍父，即「事君能致其身」、「事父母
能竭其力」，故云「是將來之遠防也。」以爲教誡，此亦是孔子爲春秋之由也。
茲述楊疏對正名之發明：

（一）託王正

《春秋》于歲首書「春王正月」，本爲舊史之常，其意是天子班朔而諸侯受
之。然春秋因之，則寓王法以正天下之義焉。如春秋以「正隱治桓」爲首義也，
江愼中〈春秋穀梁傳條指〉〔註7〕言之甚明。隱公元年經：「春，王正月。」傳
曰：「雖無爭，必舉正月，謹始也。」范注：「謹君即位之始。」楊疏云：

〔註7〕 江愼中云：「隱無正而元年有正，傳曰：『謹始也』所以正隱也。桓無王而元年
有王，傳亦曰：『謹始也，所以治桓也。』」鍾氏云：「明春秋正隱治桓，井爲始
是也。隱之無正起於讓桓，極之無王，成於弒隱。但以治桓爲始，則其事不明，
故欲於桓篇著無王之義，而以王治之，則不得不先於隱篇託無正之義而以正正
之，此春秋所以井始隱桓也。」陳澧云：『隱不正而成之，將以惡桓也。桓元
年有王，所以治桓也。然則春秋之始於隱桓，爲惡桓弒隱，而孔子以王法治之。』
徐邈云：『孔子感隱桓之事爲作春秋，振王道於無王。』」按：此皆明孔子作春
秋始於隱桓之由。（見國粹學報六期至十一期，西元1910年）

此言無事，直據正月，無即位之事，非是通一時無事也。云謹始也者，謹人君即位之事，云：「謹始也者，謹人君即位之始。」【卷一，頁1／p.9上】

今按：楊疏據經文云：「直據正月，無即位之事」又依傳云：「謹始也者，謹人君即位之始。」楊疏意不甚明，未知隱公是否有即位，鍾文烝《穀梁補注》卷一曰：「於文無即位之事，而時實有其事，不可沒其實，故空書正月以謹其始，即十一年傳云：『所以正隱』，是申足此義也。」可知隱公實有即位，然史不書，乃因「成公志也。」言隱自以爲攝，不忘先君之志也。其文云：「書春王正月，以存其事，不書即位以表徵；於莊閔僖不書者，繼故即君位……不書即位以見其情，隱爲繼正之變文，莊閔僖爲繼故之正例。」〔註8〕

然桓公元年經文：「春王。」傳曰：「桓無王，其曰王，何也？謹始也。」范注：「諸侯無專立之道，必受國於王，若桓初立，便以見治，故詳其即位之始，以明王者之義。」疏云：

徐邈云：「桓公篡立，不顧王命，王不能討，故無王。」又且桓公終始十八年，唯元年、二年、十年、十八年有王，自外皆無王，故傳據以發問而曰：「桓無王。」范氏例云：「春秋上下無王者，凡一百有八。桓無王者，見不奉王法。餘公無王者，爲不書正月，不得書王。」〔註9〕桓初即位，若已見治，則書王以示義。二年書王，痛與夷之卒，正宋督之弒，宜加誅也。十年有王，正曹伯之卒，使世子來朝，王法所宜治也。十八年有王，取終始治桓也。」是解元年有王爲謹始，餘年無王爲不奉王法也。【卷三，頁1／p.24上】

案：范氏例之文與隱公二年疏云：「春秋二百四十二年，無王者一百有八云云」之語同，陳澧以爲此乃楊氏取范氏例散入注疏中之証。〔註10〕雖楊氏引徐邈、范氏例爲疏，亦可視之援彼爲己意也。夫國之大事，莫善繼統。今隱公上奉天王之命，下承其父之重託，百姓之歸附，而探君之私心，陷父於不義，開

〔註8〕 見該書頁3。

〔註9〕 愚按：言無王之由有二：不奉王法及無正月，不得言王。如隱二年經文：「公會戎于潛。」范注：「凡年首月承於時，時承於年，文體相接，春秋因書王以配之之，所以見王者，上承時，承天而下，統正萬國之……唯桓有無王，以見不奉王法爾。」楊疏云：「春秋二百四十二年，無王一百有八，桓無王者，以見不奉王法，餘公無王者，爲無正月，不得言王。【卷一，頁8／p.12下】」

〔註10〕 見《東塾讀書記》，頁347（民國59年12月初版，廣文書局）。

篡弒之源，啓賊臣之路，自害其身，故春秋以討其亂王法，示名分不可亂，而桓公弒隱，是弟弒兄，臣弒君，篡位而立，顯無王法之舉，春秋以不書王討其不奉王法，以明其爲亂臣賊子也。齊召南云：「按王必書春之下，故春王二月，春王三月，時見於經，若經僅書春，有某事而不得其月，則王字無所置，范氏謂餘公無王者，爲不書正月，不得書王是也。但須云不書月不得書王耳。又按：餘公之僅書春者，皆不可以爲桓公之例。桓公自三年至八年皆直書春正月二月，自十一年至十七年皆宜書春正月二月，月下又有事，惟十二年爲無事，書正以首時例，應書王而不書，此穀梁子所以有桓無王之說也。」柳興恩云：「述曰：齊此說最爲發明傳義，范注楊疏遜其精核矣。」〔註11〕又王引之疑桓十八年獨無傳，是本無王字，故不發傳。而范所見本已增王字，故云「以王法終治桓之事」此已爲王熙元氏所駁，其云：「若本無王字，後始增之，不應三家俱增也；似當從柳、鍾二說，以傳文簡略爲允。」〔註12〕

（二）尊　尊

楊氏於尊尊——尊崇王命之義，多未闡釋，意者以爲傳意已明，故無庸再釋。如僖八年：「公會王人、齊侯、宋公、衛侯、許男、曹伯、陳世子款盟于洮。」傳曰：「王人之先諸侯何也？貴王命也。胡服雖敝，必加於上，弁冕

〔註11〕　見皇清經解本，卷三百一十五，頁 2，總頁 3371，所收錄齊侍郎《穀梁傳注疏考證》；又柳興恩文見《穀梁大義述》頁 103，（《穀梁學二種》，鼎文書局）。

〔註12〕　見王熙元《穀梁范注發微》頁 499，今按：柳、鍾二氏說，今錄於此：柳興恩《穀梁大義述‧卷十一》云：「傳文簡嚴，元年發傳，自可以該末年。若二十年之書王，非元年、末年所得包也，故不得已。復發傳也。」鍾文烝《穀梁補注‧卷四》：「此與元年之治桓，以終始相對，傳於彼言之，此從可知也。」至於其實駁「託王正」之非，如趙匡駁元年書王云：「按實不治，何得言法也」，朱彝尊《陔餘叢考》駁二年書王言：「宋督弒君，何與魯事，而欲以魯史之書王，正宋臣之罪，有是理乎？」、胡安國駁「正曹伯之卒。」道：「有習於穀梁子而不得其傳者，見二年書王，以爲與夷之卒，此年書王，如曹適薨，遂附益之，以爲正終生之卒，誤矣。果正諸侯之卒，不錄篡弒者，陳侯鮑在五年之正月，曷不書王以正其卒乎？筆者采徐復觀之說，「不應完全拘守，也不應完全否定書法」之態度，否則「完全拘守書法，則不論對同一書法，各傳的論釋不同；且一傳之中，亦能難免前後相矛盾，但若因此而完全否定書法，則對隱公除元年外無正月，桓公除元年外無王，又作何解釋？」因「隱十一年經：『冬十一月壬辰，公薨。』公羊傳曰：『隱何以無正月，隱將讓桓乎？故不有其正月也。』穀梁傳：『隱十年無正，隱不自正也。』兩傳解釋不同，但十年無正，應當是出於孔子的書法。」（見《兩漢思想史》頁 257、301，民國 68 年 9 月初版，民國 73 年 2 月三刷，學生書局）

雖舊，必加於首。」【卷八，頁 2／p.78 下】亦或其略尊王而特重貴民之義；雖如此，亦可見其重尊王之疏文也。如僖五年：「公及齊侯、宋公云云會王世子于首戴。」傳曰：「及以會尊也。何尊焉？王世子云者，唯王之貳也。云可以重之存焉，尊之也。何重焉？天子世子，世天下也。」疏云：

> 〈士冠禮〉云：天子之元子猶士也。天子無生而貴者，此云世天下也者，彼見無生而貴者，又明有父在之故。今傳以其特世父位，故云世天下也。【卷七，頁 13／p.75 上】

今按：《儀禮・士冠禮》：「無生而貴者」，其意蓋指莊三年傳文：「獨陰不生，獨陽不生，三合然後生。故曰：母之子也可，天之子也可，尊者取尊焉，卑者取卑焉。」是眾人皆秉天氣而生，天子取尊稱，眾人取卑稱之意。言王世子將嗣父位，故亦尊也。

（三）親　親

匡亞明云：「在宗法等級社會裏，一個人的社會地位，是由血緣上與天子、諸侯、卿、大夫等關係的遠近決定的，社會關係同時就是血緣關係。」〔註13〕然隨時代巨變，禮壞樂崩，尊尊親親亦有變化，臣弒君、子弒父多可見也。故春秋於親親之道，亦甚重視，如經於天王諸侯之弟，其書弟有「親貴」之義也。〔註14〕故昭元、八年傳文曰：「諸侯之尊，弟兄不得以屬通，其弟云者，親之也。」若不稱弟或公子，蓋有貶意也。如隱元年傳文云：「（段）弟也而弗謂弟，公子也而弗謂弟，公子也而弗謂公子，貶之也。」在《春秋》有賢能者而盡親親之弟者，如宣公十七年：「公弟叔肸卒。」傳曰：「其曰：『公弟叔肸』，賢之也。其賢之何也？宣弒而非之也。非之，則胡爲不去也？曰：兄弟也。何去而之？與之財，則曰：我足矣。織履而食，終食不食宣公之食。君子以是爲通恩也，以取貴乎春秋。」范注：「泰曰：『宣公弒逆，故其祿不可受；兄弟無絕道，故雖非而不去；論情可以明親親，言義足以屬不軌。書曰：『公弟』，不亦宜乎？」疏云：

> 叔肸以君有大逆，不可受其祿食，又是孔懷之親，不忍奮飛，使君臣之節兩通，兄弟之情俱暢，故亦貴於春秋。【卷十二，頁 15／p.123 上】

〔註13〕轉引自浦偉忠《春秋三傳綜合研究》頁 183（民國 84 年 4 月初版，文津出版社）。

〔註14〕吳連堂《春秋穀梁經傳補注研究》頁 103，引蕭楚《春秋辨疑・兄弟總辨》云：「春秋凡言弟者，有兄之稱；言兄者，有弟之稱，皆以親貴稱之也。」

按：此楊疏兼明范注經傳，明白曉暢，言叔肸曲盡親親之情，故春秋貴之。柯劭忞評叔肸云：「其仁恩厚矣，其守節固矣。故春秋美而貴之。」〔註15〕鍾文烝亦言：「叔肸不食宣公祿秩，又合伯夷，叔齊之用心。」〔註16〕皆合疏意。

二、與　霸

　　春秋之際既因無王而成列國之局，其會盟、侵伐之事不可無統繫，故張齊、晉為二伯以挈之。齊桓創伯始於莊十三年，歷莊至僖，而晉文繼之；至定之四年盟皋鼬而晉始失伯。春秋前後二百四十二年，而齊、晉二伯統紀其年數幾佔四之三，此百餘年中國無一事非二伯之所主持也。謂其事則齊桓、晉文，非虛語也。蓋因世局多變，外加夷狄時有入侵之舉，須有伯主之持之，故春秋以伯者之權授與齊桓，即穀梁「與霸」之意。

　　如：齊桓受伯始於莊十三年，經云：「齊人、宋人、陳人、蔡人、邾人會于北杏。」傳曰：「桓非受命之伯也，將以事授之者。舉人，眾之辭也。」疏云：

　　　　經不書某侯某侯，云某人某人者，是眾授之辭也。經以眾授為文，
　　　　明非王命，是未得王命可以為伯。【卷五，頁18／p.52下】

按：此春秋以眾授之辭命齊桓為伯，而齊桓被推為伯後亦以尊王攘夷為號召。

三、尊王攘夷

　　禮樂征伐若皆自天子出，政令一統，則為天下致平之時。然今「周道衰陵，乾綱絕紐」，夫子欲撥亂反正，故於春秋齊桓尊王攘夷之可得見處，多張其義。如莊十六年：「多十有二月，會齊侯、宋公……同盟于幽。」傳曰：「同者，有同也，同尊周也。」疏云：

　　　　所謂同尊周也者，諸侯推桓為伯，使翼戴天子，即是尊周之事。【卷
　　　　五，頁19／p.53上】〔註17〕

〔註15〕柯劭忞《春秋穀梁傳注》頁291，大通書局。
〔註16〕見該書頁156。
〔註17〕又如：莊公二十七年夏六月「公會齊侯、宋公……同盟于幽。」傳同十六年文，疏云：「同尊周也。復發傳者，前『同盟于幽』諸侯尚有疑者，今外內同心，推桓為伯，得專伐之任……【卷六，頁11／p.62上】按：鍾文烝《穀梁補注》云：「案：疏未得旨。周自東遷以來，此時最為微弱。考諸史記前十二年，莊王崩，而春秋皆不志，明雖以魯之近周而赴告不及，故傳謂之失天下，言其微弱之甚也……齊桓勃興，始與諸侯共會以尊周，春秋深與之，因加言

而齊桓、晉文二者霸業之消長，楊疏嘗于文十四年經文：「公會宋公、陳侯、衛侯云云，癸酉，同盟于新城。」傳曰：「同者，有同也。同外楚也。」楊疏云：

> 春秋書同盟……莊公之世二幽之盟，于時楚國未強，齊桓初霸，直取同尊周世而已，故傳云：「同尊周也。」及邵陵、首止之後，楚不敢與爭，褒大齊桓，故不復言同。當文公時，楚人強盛，而中國畏之，今同盟詳心外楚，不復直能尊周室而已。故傳釋之云：「同外楚也。」斷道書同，傳云：「外楚也。」、清丘、蟲牢、馬陵云云亦是省文，同盟雞澤，復發傳者，楚人轉盛，中國外之彌甚，故更發之，則戲盟及京城重丘之等，亦其義也。平丘又發外楚之文者，平丘以下，中國微弱，外楚之事，盡於平丘，從此以後，不復能外，故發傳以終之也。【卷十一，頁 7／p.110 上】

按：二幽之盟，見莊十六、二十七年經文，又邵陵、首止之文見僖四、五年，此楊疏言「尊王攘夷」盛衰消長，春秋前期齊桓「尊王」以號召，且楚尚未強盛而威脅中國，故同盟，傳皆云：「尊周也。」後晉文公繼齊而霸，楚國勢日趨強盛，甚至有問鼎中原之野心，故諸夏國同盟，除承「尊周」外，欲抵禦外侮，故盟于斷道等傳文皆曰：「同外楚也。」而平丘之盟（昭十三年）後，晉勢急速走低，故如楊疏所述「外楚之事，盡於平丘，從此以後，不復能外，故發傳以終之也。」故廖平《穀梁春秋經傳古義疏》：「尊周、外楚為春秋二大綱。桓伯時楚未大盛，故以尊周言之。晉伯以能攘楚，從其重者言之，實則尊周者，未嘗不外楚，外楚亦即所以尊周也。」〔註18〕故其意是也。

此外春秋亦重諸國間之盟約，盟之可貴，莫若於信，故葵丘之會，盟而不歃，傳稱「信厚。」為人所稱道。然故若有叛盟者，則貶之，如成三年：「鄭伐許。」范注：「鄭從楚而伐衛之喪，又叛諸侯之盟，故狄之。」疏云：

> 叛諸侯之盟者，舊解以為上文背（叛）晉為諸侯所伐是也。又其言伐喪者，前年衛侯速，楚師、鄭師侵衛是也。不於伐喪貶者，其罪不積不足以成惡。鄭既伐喪背盟，一年之中再加兵於許，故於此夷狄之。【卷十三，頁 7／p.131 上】

按：鄭叛盟，伐喪，故稱國以貶之。楊疏是也。鍾文烝《穀梁補注》云：「文烝

同，以顯其事。」（見鍾文烝《穀梁補注》頁 166）今按：楊氏以為諸侯推桓為伯以尊周，鍾氏以為齊桓率諸侯會以尊周，方式雖異，尊周則同也。

〔註18〕見廖平撰《穀梁春秋經傳古義疏》頁 230，文海出版社。

案：賈逵說左氏曰：『鄭小國與大國爭諸侯，仍伐許，不稱將帥；夷狄之，刺無知也。』何休說公羊曰：『謂之鄭襄公與楚同心，數侵伐諸夏，自此以後，中國盟會已無，兵革數起，夷狄比周為黨，故夷狄之。』賈言『仍伐』，何言『數侵伐』，楊言『一年再加兵』。程子、胡安國皆用其說，得經旨矣。」〔註19〕今案：盟約首重信，今於冬十一月鄭方與諸侯盟，十餘日，鄭即叛盟而伐衛喪，又伐許，故不稱帥師以貶之。三傳注（賈逵、何休、范甯、楊士勛）皆同，皆以鄭數侵他國為惡。

四、辨內外

內外之別，小則指魯（內）及列國（外），但莊公以後夷狄日強，故大則指諸侯（內）及夷狄（外），君子欲存中國之體統，故有如是文。傳中「不與楚專釋也」、「不使夷狄為中國也」、「不以中國從夷狄也」等語皆明春秋絕夷狄欲行霸中國之義，以存其體統也。蓋子曰：「夷狄之有君，不如諸夏之亡也。」〔註20〕關於前者即是內辭，即疏引范語云：「魯者，解經之獨立文也。」如及、會為辨內外之辭，隱三年經文：「公及邾儀父盟于眛。」傳曰：「及者，內為志焉爾。」范注：「內謂魯也。」楊疏云：

> 此云：及，傳曰：「內為志焉爾。」二年：「公會戎盟于潛。」傳云：「會者，外為主焉爾。」則六年「公會齊侯盟于艾。」亦是外為主；公及戎盟于唐，亦是內為志，外內之例，故傳辨彼我之情也。【卷一，頁1／p.10上】

按：楊疏此引例以明及、會為內外之別，并釋「傳曰：『及者，內為志焉爾。』」之意，是辨彼我。鍾文烝《穀梁補注》：「《公羊》、《爾雅》皆曰：及，與也。及者，期定於我，而彼來會我，我及之也，故曰內為志，是魯主而外客，用兵亦然。」〔註21〕今按：「魯主而外客」即是此意也。

又如內大夫可以會外諸侯，如文元年經文：「公孫敖會晉侯于戚。」范注：「禮，卿大夫不得會諸侯。春秋尊魯，內卿大夫可以會外諸侯。」楊疏云：

> 伯者至尊，大夫不可以會，但春秋內魯，故無譏文。以失禮深，傳不可云得會，至於三（宜作二）年垂斂之會，則是凡常諸侯禮，雖不達

〔註19〕見該書頁449。
〔註20〕《論語・八佾》篇。
〔註21〕見該書頁7。

人情，通許，故發「內大夫可以會諸侯」之例。【卷十，頁2／p.98下】

按：非有內大夫可以會諸侯之例，因春秋內魯，故有此之文也。然此諸侯非單指伯者，鍾文烝《穀梁補注》云：「疏曰：『疏以伯者至尊，不可云得會。』非也。」〔註22〕故鍾氏言其非也。

　　成九年經文：「夏，季孫行父如宋致女。」疏云：

　　　案：經內大夫出國例，言如不言使，此季孫行父如宋，即是內稱。……

　　　凡內卿出外直言「如某者」，即是使，又即是內稱。【卷十四，頁 1
　　　／p.137上】

按：此即是內辭經文，以別與外也。

　　又如昭二十六年夏：「公圍成。」傳曰：「非國不言圍，所以言圍者，以大公也。」疏「非國至大公也」云：

　　　昭公圍成邸，邸人不服而臣之邑不順，季氏之權，得國之資，圍而
　　　不克，故以大公爲文。【卷十八，頁 10／p.180下】

按：凡邑不言圍，今大公之事，故言圍。

　　後者內諸侯而外夷狄，鍾文烝《穀梁補注》曾釋其意云：

　　　李光地曰：「古之侯伯，有存亡繼統，急（同疾）病分災，攘夷狄，
　　　安諸夏之義，脩而行之，是天下之公利也。春秋書諸侯事，如內辭
　　　者四，城楚丘、戍鄭虎牢、歸粟於蔡是也。楚丘不城，衛入於狄矣；
　　　虎牢不戍，鄭入於楚矣；戍陳粟蔡，皆公舉也，故皆以公辭也。文
　　　烝案：穀梁言專辭者，謂其辭如此，就使魯不在列，亦得爲此辭，
　　　以其是諸侯公義之舉。」〔註23〕

按：孔子據魯以脩春秋，故內魯而外諸侯，然時局多變，四方夷狄漸強，自齊桓「尊王攘夷」，號召天下，戮力一心，以抗外侮，不使諸夏「披髮左衽」，此存亡繼統，故孔子深美之，以之爲「內」也；又舉凡扶危救傾、疾病分災，是諸侯公義，魯與、不與皆有榮焉，故亦稱內辭。楊疏於襄五年經：「冬，戍陳。」傳曰：「內，辭也。」亦云：定五年歸粟于蔡。傳云：「專辭也。」彼「專辭」即與此戍「內辭」不異，彼歸粟，更云：「諸侯歸之。」則此戍陳，亦是諸侯同戍。【卷十五，頁5／p.149上】即是此意也。

　　如僖二年經文云：「城楚丘。」傳曰：「其言城之者，專辭也。」又如僖

〔註22〕見該書頁333。

〔註23〕見鍾文烝撰《穀梁補注》頁229，（國學基本叢書四百種，臺灣商務印書館）。

四年經文：「楚屈完來盟于師，盟于召陵。」傳曰：「來者何？內桓師也。」
范注：「來者，內辭也。內桓師，故言來。」楊疏云：

　　來者，鄉內之辭，今內，齊桓為天下霸主，故亦言來也。【卷七，頁
　　10／p.73 下】

按：楊疏言齊桓為天下之霸主，今楚人來與齊盟，猶與魯盟，故書來，以示
內桓師耳。

　　反之，若有夷狄欲行霸諸夏，孔子欲存中國之體統，而有「不使夷狄為
中國也」、「不以中國從夷狄也」等語。如昭十年經：「晉侯、宋公云云會吳于
柤。」五月：「遂滅傅陽。」傳曰：「其曰遂何？不以中國從夷狄也。」疏云：

　　為遂者，欲見不使中國之君從夷狄之主也。【卷十五，頁 9／p.151
　　上】

又如昭四年經文：「執齊封殺之。」傳曰：「慶封不為靈王服也，不與楚討也。……
孔子曰：『懷惡而討，雖死不服，其斯之謂與？』」疏云：

　　稱孔子曰者，靈王夷狄之君，欲行霸者之事，嫌得善，故引春秋以
　　明之，後言春秋以正之。【卷十七，頁 4／p.166 下】

五、崇　賢

　　春秋亦重「崇賢」，江慎中釋其義云：「崇者加重之辭，謂增加其文以崇
重之。如曹本無命大夫，而稱殺大夫，以賢者不居無大夫之國，故增加其文。」
〔註24〕又云：「崇賢者，春秋之曠典，非尋常褒美之比也。自齊桓、季友、趙
武兼紀其功也；其餘非特立獨行之士，即仗節死義之人。春秋將以發吾人勇
壯之心，而振天下頹靡之俗，故懸此為的，欲使人人皆知發揚蹈厲取義成仁，
庶可以挽積習而維風尚也。」〔註25〕而春秋之中，稱賢者有十二人（見七、
論諱之「為賢者諱」）而曹之例見于莊二十六年經：「曹殺其大夫。」傳曰：「言
大夫而不言名姓，無命大夫也。無命大夫而曰大夫，賢也。為曹羈崇也。」
疏云：

　　《薄氏駁》曰：「曹羈出奔，經無歸處，曹自殺大夫，何以知是羈也？」
　　又云：「術之名為晉貶秦，然楚亦敵晉，何以不略而貶之？又此注雖
　　多，未足通崇之義，徒引證據何益於此哉？」范答之曰：「曹羈之賢

〔註24〕見王雲五編《景印國粹學報舊刊全集》頁 9873，臺灣商務印書館。
〔註25〕見王雲五編《景印國粹學報舊刊全集》頁 9880，臺灣商務印書館。

大夫也，曹伯不用其言，乃使出奔他國，終於受戮，故君子閔之，

書『殺其大夫』，即是崇賢抑不肖之義也。」【卷六，頁 10／p.61 上】

按：楊疏引范答薄氏駁為疏，可視為援彼以抒己意也。鍾文烝《穀梁補注》
云：「羈之賢，必是以賢稱，不宜專以出奔一事為賢。」其說是也。此即所謂
「特以事書者」。

又定十年楊疏論孔子頰谷之會之餘風云：「一會之怒，三軍自降，若非孔
子必以白刃喪其膽核矣。敢直視齊侯行殺戮，故傳於頰谷之會見之矣。後世
慕其風規、欽其意氣者，忽若如是，毛遂之亢楚王，藺子之脅秦王，俱展一
夫之勇，不憚千乘之威，亦善忠臣之鯁骨，是賢亞聖之義勇。」【卷十九，頁
13／p.192 上】孔子頰谷之會而卻齊，其脊樑鯁骨、不屈不畏之義行，亙古不
熄，無不覆照。後人欽其風，慕其氣，亦身體力行之，如毛遂、藺相，故此
楊疏約文申義，敷暢厥旨，可知「崇賢」是有補於將來。又按：毛遂之亢楚
王，藺子之脅秦王，乃指藺相如完璧歸趙及澠池之會、毛遂迫楚與趙為盟。

六、貴民重眾

（一）貴民：桓十四年傳曰：「民者，君之本也。」，【卷四，頁 10／p.40
下】而王是「民之所歸也。」（莊三年傳文，【卷五，頁 7／p.47 上】故在上者
宜有恤民之心。如以不雨言，憂雨也則公有志於民也；反之，歷時而言不雨者，
不憂雨也，則公無志於民也。如僖二年經云：「冬十月，不雨。」又三年經：「春
王正月，不雨。夏四月，不雨。」傳云：「一時言不雨者，閔雨也；閔雨者，有
志乎民者也。」范注：「經一時輒言不雨，憂民之至；閔，憂也。」疏云：

言不雨，是欲得雨之心勤也。明君之恤民。【卷七，頁 6／p.72 上】

又云：

此傳云：「一時言不雨」者，據文二年自十二月不雨，至于秋七月，

彼傳云：「歷時而言不雨，文不憂也。」此僖公憂雨，故時時別書之。

【卷七，頁 7／p.72 上】

又僖三年經文：「六月雨。」傳曰：「雨云者，喜雨也。喜雨者，有志乎民者
也。」楊疏云：

春秋上下時雨不書，非常乃錄，今輒書六月雨者，欲明僖公待（得）

雨，則心喜故也。心喜是於民情深，故特錄之。【卷七，頁 7／p.72 下】

按：「明君之恤民」，此楊疏揭傳注之旨也。不雨、得雨，君為之而憂、喜，

可知君之恤民矣。反之則不憂民也，如文二年傳：「文不憂雨者，無志乎民也。」
其疏云：「傳發之者，以僖公憂民之情急，故備書之，今文公繼父之業，無志
于民，故略書之，以二者既異，故傳而別之。」【卷十，頁 4／p.90】，亦然。
又從不葬之例，皆可見君之失民（見下節「葬例」），疏亦發之。

　　（二）重眾：江慎中釋其義云：「眾者，民之多數會合而成者也。春秋惟
貴民，故重眾。惟重眾，故於事之合於公理者必以眾辭書之。如襄三十年澶
淵之會，諸國皆稱人，傳曰：「救災以眾。其最著者矣。」〔註26〕此處楊疏無
發明，鍾文烝《穀梁補注》曰：「君子作春秋，愛民重眾而惡戰，習亂已久，
則好始治，故於澶淵特見善者，乃善其不事兵戎，同恤災患。」〔註27〕；反
之討賊稱人，即是「眾棄之」、「國人殺之也」。〔註28〕如文十六年經文云：「宋
人弒其君杵臼。」范注：「泰曰：傳稱人者，眾辭，眾之所同，則君過可知。」
又曰：「稱國以弒君，君惡甚矣。然則舉國重於書人也。」又如成十八年經文：
「晉弒其大夫州蒲。」傳曰：「稱國以弒其君，君惡甚矣。」楊疏云：

　　　於此發傳者，以州蒲二年之間殺四大夫，故於此發惡例。【卷十四，
　　　頁 13／p.143 上】

按：楊疏舉以史實，釋晉君之惡也。

　　又如襄十一年經：「楚人執鄭行人良宵。」疏云：

　　　執大夫稱人，又有二義：莊十七年齊人執鄭詹，傳曰：人者眾辭也，
　　　以人執與之辭也。僖四年：「齊人執陳袁濤塗。」傳曰：「齊人者，
　　　齊侯也，不正其踰國而執也。」桓十一年，宋又執鄭祭仲，傳曰：「宋
　　　人者宋公也。其曰人何也？貶之也。」是有二也。案……執大夫得
　　　其罪例，當稱人，經因事以明義，若被執者有罪，則稱人以見罪，
　　　若執人者有罪，亦稱人以見惡，齊侯為踰國而執宋公，命人逐君，
　　　故貶之也。【卷十五，頁 12／p.152 下】

按：楊疏明大夫有罪，稱人以執，則是明傳義也。

七、論　諱

　　孔子依魯史修春秋，「義」為其所寄。此言諱也，為其隱，而不沒其實；

〔註26〕見王雲五編《景印國粹學報舊刊全集》頁 10009，臺灣商務印書館。
〔註27〕見該書頁 569。
〔註28〕前為《禮記・王制》文；後為《孟子》文。

若沒其實，則爲長惡縱暴。春秋如何勸善以懲惡？故啖助云：「諱者非隱其惡，蓋諱避之，避其名而遜其辭，以示不善故也。」〔註29〕楊疏亦於桓二年經文：「紀侯來朝。」下云：

> 桓雖不君，臣不得不臣，所以極言君父之惡，以示將來者。桓既罪深責大，若爲隱諱，便是長無道之君，使縱以爲暴，故春秋極其辭，以勸善懲惡也。【卷三，頁6／p.30下】

按：楊疏此云春秋雖有隱諱，但不沒其真實，是爲「勸善懲惡」。

徐復觀亦嘗云：「微、諱的後面，有不可告人的事實，有不可告人的醜惡，更顯其爲醜惡。」〔註30〕又云：「其中又有『爲賢者諱』、『爲親者諱』這一方面是不願以一事一行之過失而抹煞了『賢者』、損害了『親者』，但也是不肯因其爲賢者、親者而輕輕放過其過失。」〔註31〕成公九年經：「晉人執鄭伯，晉欒書帥師伐鄭。」傳曰：「不言戰，以鄭伯也。爲尊者諱恥，爲賢者諱過，爲親者諱疾。」疏云：

> 春秋諱有四事：一曰爲尊者諱恥、二曰爲魯諱敗、三曰爲賢者諱過、四曰爲同姓諱疾。此不言魯者，因親者諱疾，則又（宜作：文）亦包魯可知，故不言也。【卷十四，頁2／p.137】

按：魯者己國，宜與親者同例，故疏謂可以包之。至如同姓，亦宜歸併親者之類，不必強分。《穀梁補注》曰：「文烝案：又有諱祖之事，亦於諱疾中包之。」〔註32〕故公羊傳於閔公元年云：「尊尊、賢賢、親親，春秋大義也。」今就此三者爲說：

（一）爲尊者諱

春秋尊者莫過於王，王者至高無上，崇高尊貴，故凡有損至尊形象或有所恥，皆爲之隱諱而不言也。如：桓公五年經：「秋，蔡人、衛人、陳人從王伐鄭。」傳曰：「舉從者之辭也。其舉從者之辭何也？爲天王諱伐鄭也。鄭，同姓之國也，在乎冀州。於是不服，爲天子病矣。」范注：「王親自伐鄭。」疏云：

> 以舉從者之辭，嫌非自伐，故云：親自伐鄭。……舉從者之辭，謂

〔註29〕鍾文烝《穀梁補注》頁465所轉引。
〔註30〕見徐復觀《兩漢思想史》頁259。（民國78年2月初版第三次印刷，臺灣學生書局，當代學術叢刊）
〔註31〕同上註，頁302。
〔註32〕見鍾文烝《穀梁補注》頁465。

君王不親伐，直舉三國從王命之辭也，故下句云「其舉從者之辭何
也？為天王諱伐鄭也」是也。【卷三，頁 10／p.32 下】

按：此役實由王立兵率眾伐鄭，天子未序列諸侯之上，而改以蔡、陳人為首，
是為王諱伐同姓也。鍾文烝《穀梁補注》云：「文烝案：范是也。以王文親於
伐鄭之上，未嘗沒其事之實，特其屬文，為舉從者之辭，謂以蔡、衛、陳主
其事，不以王主其事。孫復以為不使天子首兵，是矣！若不欲為舉從者之辭，
當先言天王伐鄭，而後言蔡人、衛人、陳人從，如河陽先言王守，後言朝，
是則以王主其事。」〔註33〕

又如僖公二十八年五月經文：「盟于踐土。」傳曰：「諱會天王也。」同
年冬：「公會……于溫。」、「天王狩于河陽。」等因「以臣召君，不可以訓。」
故為王諱與諸侯會也。

又如成公元年經：「秋，王師敗績于貿戎。」傳曰：「不言戰，莫之敢敵
也。為尊者諱敵不諱敗，為親者諱敗不諱敵，尊尊親親之義也，然則孰敗之？
晉也。」疏云：

《左氏》以為戎敗之，《公羊》與此亦同為晉敗之，今經不云晉敗之
者，欲見王者無敵故也。【卷十三，頁 2／p.128 下】

按：此為尊者諱敵也。

（二）為親者諱

孔子因魯史而修春秋，故重親於魯而輕疏其外。魯在榮顯，則褒揚以示
後；若有虧損羞辱，則不忍直斥其名，為之隱諱是也；然其隱諱亦不失其實，
如文十六年經文：「毀泉臺。」傳曰：「喪不貳事，貳事，緩喪也。以文為多
失道矣。」范注：「緩作主，躋僖公，四不視朝，毀泉臺之類。」楊疏云：

春秋為尊親者諱，而舉其多失道者。仲尼之修春秋，所以示法有罪
皆諱，何以見其褒貶？故桓公弒逆之主罪，無遺漏亦其比也。至於
書經文不委曲則亦是諱，何者？文實逆祀，而云：「躋僖文。」從後
多不視朔，直言：「四不視朔。」而已。文稱「毀泉臺。」則似嫌其
奢泰，是亦臣子為尊親諱之義也。然取二邑，大室屋壞，不與扈盟，
亦是失道，注不言之者云云之類，足以包之也。【卷十一，頁 12／
p.112 下】

〔註33〕見該書頁 83。

按：此楊疏言孔子為春秋，雖為尊親者諱，然亦不沒其實，并舉桓公、文公之罪以證之，然其中「四不視朔」、「扈盟」非因文公失道所致，前者是「公不臣也，以公厭政以甚矣。」後者為「略之。」楊疏誤矣，故鍾文烝《穀梁補注》云：「疏論不視朔之事，非也；不與扈盟，又非失道。」〔註34〕

又如僖公元年經：「秋七月戊辰，夫人姜氏薨于夷，齊人以歸。」傳曰：「不言以喪歸，非以喪歸也，加喪焉，諱以夫人歸也。其以歸，薨之也。」疏云：

> 其以歸，薨之者，謂其實以歸之，然後始薨之實殺，傳言薨之者，
>
> 傳以經文諱殺，故順經為文。【卷七，頁2／p.69下】

按：哀姜之罪，通慶父、殺二子，後奔邾，齊桓取歸，縊之于夷，以尸歸魯，傳以歸而薨，故言諱國惡也。

又如莊公元年經：「三月，夫人孫于齊。」傳曰：「孫之為言猶孫也，諱奔也。」閔公二年九月：「夫人姜氏孫于邾。」昭公二十五年經：「九月乙亥，公孫于齊。」今按：此不忍直斥國君，夫人出奔他地，言「孫」以諱奔也。

又有諱取同姓，如哀公十二年經：「夏五月甲辰，孟子卒。」傳曰：「孟子者何？昭公夫人也。其不言夫人，何也？諱取同姓也。」；至於諱祖名，孔氏族祖，其卒亡，不忍直斥其名，如桓公二年：「春，王正月，宋督弒其君與夷，及其大夫孔父。」孔父，孔子之祖父嘉也。穀梁傳引「或曰：其不稱名，蓋為祖諱也。」是矣。

（三）為賢者諱

穀梁中稱「賢」者十二人，計有衛公子晉、紀侯、曹羈、季友、齊桓公、趙盾、潞子嬰兒、叔肸、宋伯姬、季札、意恢、劉卷，其或以得家，或以節義，或以才德，或以功業，其中齊桓之糾合諸侯，尊王攘夷，厥功最偉，屢加稱美。然而齊桓霸業，容有過失，瑕不掩瑜，春秋全其美善，不欲言之，輒為之諱。如僖公十七年經：「夏，滅項。」傳曰：「孰滅之？桓公也。何以不言桓公也？為賢者諱也。項，國也，不可滅而滅之乎？桓公知項之可滅也，而不知己之不可以滅也。既滅人之國，何賢乎？君子惡惡疾其始，善善樂其終，桓公嘗有存亡繼絕之功，故君子為之諱也。」疏云：

> 言此者解為齊桓諱滅項之意……【卷八，頁16／p.85下】

案：此為賢者（齊桓公）諱滅人之國。即鍾文烝《穀梁補注》云：「此所謂春

秋之義，以功覆過除罪。」〔註35〕柯劭忞云：「滅項不稱齊人，是君子之筆削。」
〔註36〕

第二節　經傳義例之發明

　　漢儒以例說春秋，以公羊爲多，董仲舒言「春秋無達例。」；然儒者未嘗爲
穀梁作例，至范甯著《集解》外，始作略例百餘條，虛字亦歸例焉，其散見于集
解及楊疏中，前第二章第六節已論今。今虛字不論，而歸於「訓詁」之例，又關
於日月例之釋，於後第六章第三節論之，今以楊疏所論及義例約有：

一、善歸納傳例之義

（一）還　例

　　如文十二年經文：「公及晉侯盟，還自晉。」傳曰：「還者，事未必也，
自晉，事畢也。」楊疏云：

> 春秋上下書還者，有四：莊八年秋「師還。」傳曰：「遯也。」今自
> 晉爲事未畢，而言嫌不得如彼例，故復發傳者。宣十八年經文：「歸
> 父還自晉。」嫌君臣異，故復發事未畢之文：襄十九年「晉士帥師
> 侵齊，聞齊侯卒，乃還。」嫌外內異，故亦復發傳云：事未畢也。
> 還例有四，范《別例》云：三者，蓋直據內爲三，不數外臣故也。【卷
> 十一，頁7／p.110上】

按：此楊疏就己所歸納之例，與范氏例比較之，其差異爲范氏例以內爲例，不
數外臣，而楊氏疏則將外臣亦屬入。又按：外臣，乃指晉士匄也。楊疏凡云：「春
秋書⋯⋯」筆者以爲蓋其是楊疏歸納之傳例，如此「還例」，及前述「諱例」，
楊疏如「春秋」二字，以有別於范氏「傳例」或云「略例」、「別例」也。

（二）次　例

　　僖公四年經：「春王正月，公會齊侯、宋公⋯⋯侵蔡，蔡潰。蔡潰，遂伐
楚，次于陘。」傳曰：「次，止也。」范注：「楚強，齊欲綏之以德，故不速
進而次于陘。」疏云：

> 次有二種：有所畏之次，即齊師、宋師次于郎，傳曰：「畏我」是也；

〔註35〕見鍾文烝《穀梁補注》頁279。
〔註36〕柯劭忞《穀梁傳注》頁182。

有非所畏之次，即此次于陘，傳曰：「次，止也」是也。【卷七，頁
8／p.72】

按：「齊師、宋師次于郎」乃指僖公十五：「三月，公會齊侯、宋公⋯⋯盟于
牡五，遂次于匡。」，及莊公三年經：「冬，公次于郎。」傳同文曰：「次，止
也，有畏也。」此疏明舉次有二義，蓋楊氏據實例而歸納之。而此之「次」，
鍾文烝《穀梁補注》卷九云：「此次非畏，故重發傳。謝湜（音直，北宋經學
家）曰：『書次陘，善其不以攻戰為事。』其說得之。」

（三）執 例

僖公五年經：「冬，晉人執虞公。」傳曰：「執不言所於地，緼於晉也。」
范注：「時虞已包裹屬於晉，故雖在虞執而不書其處。」疏云：

> 舊解云：「執人例不書地」，此云：「不地，緼於晉也」凡執人不地者，
> 亦以地理可明故也。若晉會諸侯於溴梁執莒子、邾子，楚合諸侯於
> 申，執徐子，皆因會而執之，則在會可知，故不假言地。至如滅人
> 之國，執人之君，則亦是就國可知也。經若書晉滅虞，則是言其地。
> 今不書滅虞，即不舉滅國之地，不謂執人當地也。所以不言滅虞者，
> 晉命先行於虞，虞已屬晉，故不得言之地。或以為執不言所於地，
> 謂不書執虞公于虞也，緼于晉也，謂虞已苞裹屬晉，故不得言也。
> 理亦通耳。【卷七，頁 14／p.75 上】

按：楊疏謂執君，不書其地者有二，一為因會而執可知，一為其國已裹屬於
執者（即滅人之國），就國以執為可知也。

二、善取范氏例為釋

（一）乞 例

成十七年經：「晉侯使荀罃來乞師。」疏云：

> 范別例云：乞師例有三，三者不釋從例可知也。乞例六者：乞師五，
> 乞盟一，并之為六。乞師五者，公子遂、晉郤錡、樂饜、荀罃、士
> 魴是也；乞盟一者，鄭伯是也。【卷十四，頁 12／p.142 下】

按：此楊氏善取范氏別例援為己之疏。「鄭伯乞盟」見僖八年文經，傳文：「乞
者，重辭也。重是盟也，乞者，處其所而請與也。蓋汋（音酌）之也。」【卷
八，頁 2／p.78 下】，公子遂之文，見僖二十六年經文：「公子遂如楚乞師。」

傳文：「乞，重辭也。何重焉？重人之死也。非所乞師也，師出不必反，戰不
必勝，故重之也。」【卷九，頁 10／p.92 上】，郤錡、樂屬、荀罃、士魴等文
見成十三、十六、十七、十八年文。乞之意，范注：「人道貴讓，故以乞爲讓。」
而疏云：「文與乞師同，故爲重辭也。」按：楊疏之釋是也。鍾文烝《穀梁補
注》亦云：「注依定元年重請爲說，彼釋求義，非釋乞義，求與乞雖同是重，
而乞又重於求，疏曰云云得之。」〔註37〕乞師發傳有於公子遂、郤錡，楊疏
云：「公子遂，內之始；此（按：郤錡）外之初，故發之也。」【卷十四，頁 5
／p.139 上】而其餘樂屬等不再釋，從例可知。

（二）潰　例

如成九年經：「楚公子嬰齊帥師伐莒。庚申，莒潰。」傳曰：「莒雖夷狄，
猶中國也。大夫潰莒而之楚，是以知其上爲事也。」疏云：

> 范別例云：「凡潰者有四，發傳有三：僖四年蔡潰，傳曰：「潰之爲
> 言，上下不相得也。」此莒潰，傳曰：「大夫潰莒而之楚。」上者雖
> 同是不相得，與君臣不和自潰散少（宜作小）異，故亦發傳。昭二
> 十九年鄆潰，彼鄆是邑與國殊，故重發傳。一解：鄆不伐而自潰與
> 常例異，故重發之文，三年沈潰不發者，從例可知。【卷十四，頁 2
> ／p.137 下】

按：楊氏輒取范氏《略例》援爲己疏，其中亦明辨重發傳之異，及引「一解」
釋不發傳之由。

（三）婚姻例

凡事逆王后，皆由過魯，其例有二：若魯主婚，則言歸；若不主婚，則
直言逆。如桓九年經：「春，紀季姜歸于京師。」傳曰：「爲之中者，歸之也。」
范注：「中，謂關與婚事。」疏云：

> 劉夏逆王后，經不言歸，則是魯不關於婚事。而范氏略例云：「逆王
> 后有二」者，以書逆王后，皆由過魯，若魯主婚而過我，則言歸；
> 若不主婚而過我，則直言逆。雖詳略有異，俱是過魯，故范以二例
> 摠之。【卷四，頁 3／p.37 上】

按：劉夏文見襄十五年文，傳曰：「過我，故志之。」然其又細分爲二，疏取
范氏例爲釋，并辨明其意。

〔註37〕見該書頁 252。

又如：內女歸例，隱公二年經：「冬十月，伯姬歸于紀。」傳曰：「禮，夫人謂嫁曰歸，反曰來歸。」范注：「嫁而曰歸，明外屬也；反曰來歸，明從外主。反謂夫家所遣。」疏云：

> 婦人謂嫁曰歸，此作姬歸于紀是也；反曰來歸，宣十六年鄭作姬來歸是也。【卷一，頁 10／p.13 上】

按：楊疏引例明證傳義。然楊疏解「來歸」（即出女例）亦引范氏例為釋，成五年：「杞叔姬來歸。」傳曰：「婦人之義，嫁曰歸，反曰來歸。」疏云：

> 范氏云：出女例凡三，齊人來歸子叔姬一也；郯伯姬來歸二也；此杞叔姬來歸三也。又別引文十八年「夫人姜氏歸於齊」為例者，出既是同，但內外為異，故并引之也。子叔姬淫而得罪，為齊所逐，故言齊人來歸。今杞叔姬文既與之異，故并發傳舉其上下，郯伯姬亦足以相包，故不更發之。【卷十三，頁 8／p.131 下】

按：此楊疏除釋「出女例」并明其內外之別，鍾文烝《穀梁補注》云：「隱二年解歸，此解來歸，故各見之。」〔註38〕又按：此二者為傳文「婦人之義，嫁曰歸，反曰來歸。」歸與來歸例之完整解釋也。

（四）獲 例

凡書獲者，皆不與之辭。各有所為，故不與獲。如宣公二年經：「春王正月，宋華元帥師及鄭公子歸生帥師戰于大棘，宋師敗績，獲宋華元。」傳曰：「獲者，不與之辭也。」范注：「華元得眾，故不與鄭獲之。」疏云：

> 華元得眾，故不與鄭獲之，然則晉侯失民，亦言獲者，晉侯雖失眾，諸侯無相獲之道，故不與秦獲也。【卷十二，頁 3／p.116 上】

按：「晉侯失民」，在僖公十五年十月一月傳文：「韓之戰，晉侯失民矣，以其民未敗而君獲也。」楊疏又引范例云：

> 范別例云：凡書獲有七：謂莒挐一也、晉侯二也、華元三也、蔡公子濕四也、陳夏齧五也、齊國書六也、麟七也。於晉侯著失民之咎，於蔡公子濕彰公子之病，華元表得眾之辭，莒挐顯公子之給自餘。【卷八，頁 13／p.84 上】

按：莒挐，見僖元年文；蔡公子濕見襄二十年文；陳夏齧，見昭公二十三年文，麟見哀十四年文，楊疏引范別例，言書獲有七，皆不與之辭，為兵獲通

〔註38〕見該書頁 451。

辭，此舉証明傳例，然其由各有所爲。

三、善舉証及反推其他

此又分爲二：（一）善舉証以明傳例；（二）善明証以推其他

（一）善舉証以明傳例

1、葬　例

凡諸侯之葬，據魯史書葬（本章第四節「經史例之別」有論），有故而改常禮，變之不書者有三：昭公十三年傳曰：「變之不葬有三：失德不葬，弒君不葬，滅國不葬。」范注：「失德謂無君道，無以守位，故不葬；弒君謂弒君之賊，天下所當同誅，而諸侯不能治，臣子不能討，如無臣子，故不書葬；亡國之君，無臣子，故喪事不成，亦不書葬。〔註39〕若書葬則別有義。如隱公三年冬：「葬宋繆公。」疏云：

> 弒君不葬者，若十一（隱公）年公薨不書葬是也；國滅不葬者，若紀侯大夫去其國，雖賢終不書葬是也；其陳哀、蔡靈書葬者，閔二國不與楚滅之也；失德不葬者，僖二十三年，宋公茲父卒、成十五年宋公周是也。【卷一，頁15／p.16上】

按：弒君書葬，其例見哀公四年「冬十有二月，葬蔡昭公。」疏云：「春秋賊不討，則不書葬。若不書葬，則見賊不討。今書葬者，使若弒君者實是盜，微賤之小人，雖討訖，不足錄。【卷二十，頁8／p.201上】此其別義也；國滅不葬之疏是也，失德不葬，宋公茲父「失民」也，然宋公固有書葬，可見其援引誤矣，當列爲別義。范此駁傳云：「共公不宜書葬，昏亂故。」但楊疏以爲「爲伯姬書葬……但書日以表失德。」〔註40〕

又如僖九年經文：「伯姬卒。」傳曰：「內女也。」楊疏云：

> 范氏別例云：「內女卒葬例有六：葬有三，卒亦有三。」卒者此文一也；僖十六年鄫季姬二也；成八年杞叔姬三也。葬者，莊四年紀伯姬；三十年紀叔姬；襄三十年宋葬共姬是也。文十二年子叔姬不數者，與此伯姬同是未適人，故摠爲一也。【卷八，頁4／p.79下】

〔註39〕見隱公三年「葬宋繆公」【卷一，頁15／p.16上】及昭公十三年「葬蔡靈公」【卷十七，頁15／p.172上】范注文。

〔註40〕見鍾文烝《穀梁補注，卷十八》，其以爲：楊疏「爲伯姬書葬」乃依隱公三年，徐邈注解此文云：「伯姬賢而不答。」

按：此楊疏引范氏內女卒葬例爲疏，并舉其例及明子叔姬與伯姬同爲「未適人」，故同爲一例之由。

2、入 例

桓公十五年：「秋九月，鄭伯突入于櫟。」范注：「突不正書入，明不當受。」疏云：

> 衛侯朔入于衛，傳曰：「入者，內弗受也。」蓋舊爲國君而入者，則是內不受，若衛侯朔入于衛、鄭伯突入于櫟是也。公子不正取國者，則是以惡，故曰入。若許叔入于許、齊小白入于齊是也。【卷四，頁10／p.40 下】

按：「衛侯朔入于衛」見莊六年經文，與鄭伯嘗爲舊君，不正而書入，是內不受，楊疏並舉証公子不正取國亦同也。故入例，內弗受，可概括舊國君及公子不正取國而「入」。

（二）善舉證以推其他

1、殺 例

有稱人以殺，則被殺者有罪（前「重眾」已論）；有君殺大夫，被殺者無罪；有惡君殺者，有盜殺者。以下論之：

昭公十三年：「楚公子棄疾殺公子比。」傳曰：「當上之辭也。當上之辭者，謂不稱人以殺，乃以君殺之也……楚公子棄疾殺公子比，比不嫌也。」范注：「稱人以殺，謂若衛人殺祝吁于濮是也。今比實不弒，故以君殺大夫之辭言之。今棄疾殺之，又言殺公子比，不言弒其君，是比無欲爲君之嫌。」疏云：

> 當上之辭言者，謂不稱人以殺，而云「公子棄疾殺公子比，如王子札殺召伯、毛伯也。齊公子商人弒舍，雖未踰年，欲成商人之罪而稱君，若棄疾之罪，亦應稱君，故范決其不言弒其君也。【卷十七，頁14／p.171 下】

按：「王子札殺召伯、毛伯」見宣十五年文，「齊公子商人弒舍」見文十四年經文。楊疏除傳意，並舉証明其他。

又凡殺世子而目君斥殺者，惡君也。僖五年經文：「春，晉侯殺其世子申生。」傳曰：「目晉侯斥殺，惡晉侯也。」范注：「斥，指斥。」疏云：

> 傳言此者，於鄭段雖有目君之例，未辨目君之由，故於此明之。宋

公殺其世子痤，雖不發傳，從此可知。其殺公子，不目忘者，皆罪
賤之。【卷七，頁12？p.74下】

按：「宋公殺其世子痤」見襄二十六文，此楊疏明傳意，亦舉証其他不發傳者
同此例也。

又如襄公十年經：「冬，盜殺公子斐、公子發、公孫輒。」傳曰：「稱盜
以殺大夫，弗以上下道，惡上也。」范注：「兩下相殺，不志乎春秋。惡鄭伯
不能修正刑，致盜殺大夫也。以上下道，當言鄭人殺其大夫。」疏云：

哀四年傳云：「微殺大夫謂之盜」而曰上下道者，以微殺大夫即是兩
下相殺，不志乎春秋，此惡鄭伯不能修正刑，以致盜殺大夫，則哀
十三年盜殺陳夏區夫、昭二十年盜殺衛侯之兄輒，亦是惡其君以致
盜也。【卷十五，頁10／p.151下】

按：此疏闡釋傳例，並舉他例以明證之。又按「上下道者」，范注楊疏釋謂以
君臣上下道道之，如「祝吁殺其君完。」者是也。

2、致公例

凡魯君出行，至於某國，次於某地，得親見其君而歸，則書至自其國；
不得親見其君，則書自地。如昭公二十五年經文：「九月己亥，公孫于齊，次
于陽州，齊侯唁公于野井。」二十六年經：「三月，公至自齊。」傳曰：「公
次于陽州，其曰至自齊何也？以齊侯之見公，可以言至自齊也。」范注：「齊
侯唁公於野井，以親見齊侯爲重，故可言至自齊。」疏云：

傳以見齊侯爲義，雖至陽州，可以齊致。明乾侯之致，不見晉侯，
故下二十九注云：「以乾侯致，不待見晉侯故。」【卷十八，頁10／
p.180下】

按：王熙元先生《穀梁范注發微》云：「二十五年書至自齊，傳以見齊侯爲義；
今書至乾侯，蓋不得與晉侯相見故。傳雖無說，以彼推之當如是也。」此
楊疏以公見齊侯，故書「齊致」，雖其僅至揚州。

又如襄公十九年經文：「春王正月，諸侯盟于祝柯。晉人執邾子。公至自
伐齊。」傳曰：「春秋之義，已伐而盟復伐者，則以伐致。祝柯之盟，盟復伐
齊與？曰非也。然則何爲以伐致也？曰與人同事，或執其君，或取其地。」
疏云：

據此傳文，事實在邾，不關于齊，而以伐齊致者，以明實伐齊，盟
後又或執其君，或取其地，與盟後復伐無異，故託事以見意。罪晉

執君，惡魯取地，若其實不伐齊，亦不得以伐致也。【卷十六，頁2
／p.156下】

按：襄十一年范注：「傳例曰：已伐而盟復伐者，則以伐致；盟不復伐者，則
以會致。」此言不以後致，謂會在伐後。楊疏明傳例，平易近理。

四、詳釋傳義例

（一）取　例

如成六年經云：「取鄟。」疏云：

> 凡書取國皆滅也，變滅言取，明其易。今不言滅鄟，是明魯取之易
> 也，又惡鄟不備也。凡書取之例，以內外皆有，外書取者，即徐人
> 取舒是也；內書取者，即取鄟是也。其內被取易亦為取，齊侯取鄟
> 是也。【卷十三，頁9／p.132上】

按：凡書取皆滅，內外皆同，言其易，又惡其不備，楊疏於此舉例明之。然
於宣元年：「齊人取濟西田。」傳曰：「內不言取，言取，授之也。」疏詳釋
之云：「昭二十五齊人取鄆，傳曰：『取，易辭也。』哀八年齊人取讙及闡，
傳曰：『惡內也。』所以三發傳不同者，內不言取，今言取是違例之問，宜在
始魯人不得已而賂之，取雖易而我難之，故直云授之。昭公失國之君，忠臣
喜公得邑，故以易辭言之，哀公犯齊陵邾而反喪邑，易辭之也。傳以明惡內
之理未顯，故特言惡內，其實惛是易辭也。【卷十二，頁2／p.115下】」楊疏
於此詳釋言「易辭」、「惡內」之別。

（二）納　例

桓公二年經文：「夏四月，取郜大鼎于宋。戊申，納于太廟。」傳曰：「桓
內弒其君，外成人之亂，受賂而退，以事其祖，非禮也，其道以周公為弗受
也。」范注：「傳例曰：『納者，內不受也。』」疏云：

> 宣十一年傳文也。此傳亦有內弗受之文，而引傳例者，凡傳言內弗
> 受者，指說諸侯相入之例；今此言不受者，謂周公也；恐其不合，
> 故引例以明之。【卷三，頁5／p.30】

按：范注之傳例，引昭公十二年，然僖二十五年、宣十一年、哀二年皆作「納
者，內弗受也。」楊疏云為諸侯相入之通例，而此「郜大鼎」為物，受者為
周公，嫌不可通，故引而明之。

五、變例之釋

趙匡曰：「春秋得變之正，皆變文以許之。」即是其義也。

（一）陳　火

凡火不志，志者皆義有所見；書陳火者，以示不與楚滅，義存陳也。如：昭九年經文：「夏四月，陳火。」傳曰：「國曰災，邑曰火。火不志，此何以志？閔陳而存之也。」范注：「陳已滅矣，猶書火者，不與楚滅也。不可以方全國，故不云災。」疏云：

> 傳言火不志，則是無例，而云國曰災，邑曰火者，火不合志，志者皆義有所見。此書者，以見不與楚滅也。陳滅不可以比全國，故以邑錄之，既以邑錄之，則不得與國同文，國、邑既不同，傳宜顯變例，故云：國曰災，邑曰火。【卷十七，頁 9／p.169】

按：楊疏言陳火不合「國曰災，邑曰火」之例，是謂變例。

（二）稱師將例

宣六年經文：「晉趙盾、衛孫免侵陳。」傳曰：「此帥師也。其不言帥師，何也？不正其敗前事，故不與帥師也。」楊疏云：

> 傳例「將卑師眾曰師，將尊師少言將」成三年晉郤克、衛孫良夫伐廧咎如。彼非是敗前事，赤（亦）不言帥師，此云：不正其敗前事，故不與師。師者，凡常書，經自依將之尊卑，師之多少之例。趙盾元年稱帥師救陳，今直書名而已，明是惡敗前事，故不與帥師。郤克、良夫前無帥師之文，故是從將尊師少之例耳。【卷十二，頁 7／p.118 上】

按：「將卑師眾曰師」隱五年衛師入郕之傳文。楊疏依史實釋稱師、稱將之變例。又按：鍾文烝《穀梁補注》云：「前變文與帥師，其文相對，明經意不正其敗前事矣。」〔註41〕

六、重發傳者之釋

楊疏於成元年傳文「作，為也。」下云：「後發傳者，文同而事異，不可以一例該之故也。」此「文同而事異，不可以一例該之。」可視為重發傳者之義。而楊疏於此發明其義者，有如：文九年經文：「叔孫得臣如京師。」楊疏云：

〔註41〕見該書頁 403。

不發於桓九年者，內之如京師，始於此，故發之。【卷十一，頁1／
p.107 上】

按：齊召南云：「內大夫之如京師，始見於僖三十年公子遂，再見於文元年叔
孫得臣，不始於此年也。」〔註42〕柳興恩曰：「述曰：傳之發例，必在一見再
見之後，通檢傳文，自知疏本無庸說也。」〔註43〕今按：楊疏言不於桓九年
傳曰：「紀季姜歸於京師。」發傳者，乃因內之如京師，始見於僖三十年，公
子遂如京師；此再見方疏重發傳者之意。

第三節　經傳文字之訓詁

楊氏於范氏所未注者，多廣為疏之，以衍釋穀梁經傳之意。茲就以下幾
點說明之：

一、經傳文字之訓詁

（一）以本義釋之

如襄二十九年經云：「閽弒吳子餘祭。」傳曰：「閽，門者也，寺人也。」
楊疏云：

以圭門晨昏開閉者謂之閽，以是奄豎之屬，故又謂之寺人。【卷十六，
頁 11／p.161 上】

按：凡言某謂之某者，一物有二名也。閽又名寺人，傳已明矣。楊疏以本義
釋閽義。《說文》：「閽，常以昏閉門隸也。」義略同楊疏也。又為「奄豎之屬」，
段注：「凡言屬，則別在其中。」，奄同閹；閹豎，《說文》：「閹，門豎也。宮
中奄昏閉門者。」是掌管宮門之人。而《禮記・祭統》：「閽者，守門之賤者
也。」故閽、閹同是守門者，其貴賤有別也。

（二）以引申義訓之

如僖四年：「齊人執陳袁濤塗。」傳曰：「齊人者，齊侯也。其人之何也？
於是哆（音扯，〔註44〕）然外齊侯也。」楊疏云：

哆然，疏外齊侯。哆然，寬大之義。【卷七，頁 11／p.74 上】

〔註42〕見《皇清經解》卷三百一十五，頁 14，總頁 3377，齊侍郎《穀梁傳注疏考證》。
〔註43〕見柳興恩《穀梁大義述》頁 110 下。（《穀梁學二種》鼎文書局）
〔註44〕筆者於文中難讀之字，皆用直音法。以下皆是，不再附註說明。

按：楊疏由哆然本訓寬大，引申爲疏外齊侯之義也。王引之云：「謹案：寬大之義與疏外無涉。楊疏非也。《爾雅》：誃，離也。邵氏正義（邵晉涵《爾雅正義》二十卷）曰：『穀梁傳云：於是哆然外齊侯也。哆然，離散之貌。誃（音遲）哆音義同』此說是也。外齊侯則有離散之心狀，其離散故曰哆然。家大人曰：『《荀子・王霸篇》：四方之國，有侈離之德。侈亦離也，侈與哆同。』」；柳興恩云：「述曰：《說文》哆，張口也。從口多聲，然則寬大者哆之本訓，引伸之則爲離散之貌。凡事內閉則密，外張則疏，故疏外齊侯曰哆然也。」〔註45〕

（三）以異義訓之

如僖十五年傳文：「德厚者流光，德薄者流卑。」疏云：

> 光猶遠也，卑猶近也。天子德厚故遠及七廟，士之德薄故近及二廟，因其貴賤有倫，故制爲等級也。【卷八，頁 13／p.84 上】

按：楊疏以異義釋光、卑義，并言廟有等級之由。鍾文烝《穀梁補注》云：「案光與廣同，二字古通用，《荀子》作流澤廣、流澤狹也。雍注不解德字流字之義，而飾以浮辭，則下文三語不相承接，三德字有二解矣。」〔註46〕又按范注引雍：「德厚者位尊，道隆者爵重，故天子遠及七世，士祭祖而已。」楊疏雖未駁之，然其釋不同范注可知矣。

又如隱公三年經文：「秋，武氏子來求賻。」傳曰：「雖不求，魯不可以不歸；雖不歸，同不可以求之。求之爲言，得不得未可知之辭也。交譏之。」疏曰：

> 交譏之者，交猶俱也，指事而書則周魯非俱見也。【卷一，頁 14／p.15 下】

按：言猶者，段玉裁云：「凡漢人作注云猶者，皆義隔而通之。」〔註47〕「交猶俱也」，楊疏明其訓詁爲「以異義訓之」，然「指事而書則周魯之非俱見也」是指求賻之事，楊疏以引申義爲訓，言周、魯皆非禮，故互譏之也。

又如：僖二年傳文：「滅夏陽而虞、虢舉矣。」楊疏云：

> 徐邈云：「舉，猶拔也。言晉滅夏陽，則虞、虢自此而拔也。」【卷

〔註45〕見王引之《經義述聞》卷二十五，頁 991（臺灣商務印書館）；及柳興恩《穀梁大義述》頁 132 上。（穀梁學二種，鼎文書局）

〔註46〕見鍾文烝《穀梁補注》頁 274。（商務印書館，民國 57 年 12 月臺一版，國學基本叢書四百種）

〔註47〕轉引自胡師楚生《訓詁學大綱》頁 145，（華正書局，民國 77 年初版）。

七，頁 5／p.71 上】

按：此楊疏引徐邈而釋扰意，而徐邈本異義而注。鍾文烝《穀梁補注》云：「案：高誘《戰國策》注曰：『舉，得也，又曰拔也。』」〔註48〕

（四）虛辭之釋

如宣八年傳文：「而，緩辭也。足乎日之辭也。」楊疏云：

> 言緩辭也者，此日中克葬，足乎日，故去緩也。定十五年日下昃（稷），乃克葬。故云：「乃，急辭也。」是二文相對爲緩急，故《公羊傳》云：「曷爲或言而，或言乃，乃難乎而也。」是二文相對也。【卷十二，頁 10／p.119 下】

按：鍾文烝《穀梁補注》云；「公羊意與傳同，同時加於午，視日下稷爲旱，是以其足午日而爲緩辭也。緩亦是難，視彼爲緩耳。」今案：凡言急言、緩言者，蓋係聲句之有異也。如《公羊》宣八年傳注：「言乃者內而深，言而者外而淺。」楊疏引本經傳文及《公羊傳》爲釋，言乃、而二文相對是也。

（五）以音義訓之

如隱公三年經文：「日有食之。」傳曰：「吐者外壤，食者內壤。」疏云：

> 壤字穀梁音者皆爲傷，徐邈亦作傷。麋信云：齊魯之間謂鑿地出土，鼠作穴出土皆曰壤（場），或當從壤（場），蓋如麋信之言也。【卷一，頁 13／p.13 上】

按：鍾文烝《穀梁補注》：「文烝案：壤亦作場。《埤倉》云：場：鼠垤也。郭璞《方言注》音傷。」楊氏引徐邈之說以釋其音，引麋信說以釋其義皆是也。

（六）釋經傳句讀

如桓十四年春，經文：「無冰。」傳曰：「無冰，時煥也。」疏云：

> 舊解傳云（文）無冰時，煥也。謂無冰書時，煥，暖也。時字上讀爲句，因即解成元年正月公即位，二月葬宣公，三月作丘爲無冰書月可知也，此「正月，公會鄭伯於曹。」下云「無冰」則正月者，直爲公會鄭伯，不爲無冰。何者？無冰，一時之事，固當不得以月書也，徐邈亦然。今以爲成元年傳云：「加之寒之辭也」則無冰，亦當蒙月也。傳云「無冰時煥也」者，謂今所以無冰者，正由時煥也。於字下讀理亦通。【卷四，頁 7／p.39 上】

〔註48〕見該書頁 231。

按：鍾文烝《穀梁補注》云：「無冰例時，襄二十八年有著例，成元年傳又云：終時則志，舊解及徐得之。成元年得蒙二月，比不得蒙正月。」楊氏引舊解、徐邈以爲此句讀應是「無冰，時，燠也。」然依文意而將句讀斷爲「無冰，時燠也。」亦可通。

又如桓十四年秋經文：「乙亥，嘗。」傳曰：「御廩之災不志，此其志何也？以爲唯未易災之餘而嘗，可也志，不敬也。」范注：「鄭嗣曰：『唯以未易災之餘而嘗，然後可志也。』」楊疏云：

> 徐邈云：不足志是也。徐又云：而嘗可也，言可以嘗，可上屬。與范違，不得取之。【卷四，頁8／p.39下】

按：此楊疏依范注駁徐邈句讀之非。齊召南云：「以爲唯未易災之餘而嘗句可也志句不敬也句，按此范注所引鄭嗣說讀法如此，若徐邈讀『而嘗可也』爲句，『志不敬也』爲句，范所不取，疏已言矣。」〔註49〕

二、釋天文地理

（一）釋天文

如：隱公三年經：「春王二月己巳，日有食之。」傳曰：「言日不言朔，食晦日也。」楊疏云：

> 此經不書朔，傳云：「食晦日也。」則此食必當晦日，但不知是何月晦也？徐邈云：「己巳爲二月晦，則三月不得有庚戌也。明宣十年四月丙辰、十七年六月癸卯，皆是前月之晦也，則此己巳正月晦，冠以二月者，蓋交會之正，必主於朔。今雖未朔而食，著之此月，所以正其本，亦猶成十七年十月壬申而繫之十一月也，取前月之日而冠以後月，故不得稱晦，以其不得稱晦，知非二月晦。未審范意如何？【卷一，頁12／p.14下】

案：鍾文烝《穀梁補注》引李廉曰：「徐說是也。」並推杜預長曆皆合徐說，可見楊氏疏「食晦日也」之爲合理。

（二）釋地理

楊疏略於地名之釋，此前人已談及。〔註50〕然楊氏對國地名之釋有其態

〔註49〕見《皇清經解》卷三百一十五，頁10，總頁3373，齊侍郎《穀梁傳注疏考證》。
〔註50〕見《續修四庫全書總目提要，經·春秋類》之「《穀梁范注闕地釋》二卷、清

度，其於宣九年經文：「晉侯黑臀卒於扈。」疏云：

> 操、扈傳若不發焉，知非國也。曲棘不釋者，雙名也，去國遠矣，
> 故不假釋；邢、鄟、部以三言爲名，故傳釋之曰國也。【卷十二，頁
> 10／p.119 下】

按：楊氏首言國地名之別，謂若不發傳，則知其爲地名，非國名，如傳中撰、
扈；若是雙名多爲地名，不致誤爲國名則亦不釋，若有分別，傳亦釋之爲國
也。可見其是地名多不疏，若有國、地名之疑方疏之。其不作地理確定位置
之考察。此楊氏對國地名之釋之態度，其非真忽略於國地名之釋也。如：

1、辨國與地名

如僖二十年經：「冬，楚伐隨。」傳曰：「隨，國也。」疏曰：

> 案《世本》，隨是國名，經又言伐，知非邑也。【卷九，頁 2／p.88 下】

按：此就《世本》及傳例疏隨是國非邑。

又如宣九年：「取根牟。」無傳，范氏亦無注，楊疏云：

> 《公羊傳》曰：「根牟者何？邾婁之邑也。曷爲不繫乎邾婁？諱亟也。」
> 謂諱不繫邾婁也，若言諱不繫邾婁，居母之喪縱非邾邑，豈容無諱，
> 或當如《左傳》以根牟爲國名。【卷十二，頁 10／p.119 下】

按：楊疏駁《公羊傳》根牟諱繫邾婁之說，并以左氏爲是。顧棟高考證根牟非
邾婁之邑，其云：「邾在魯南，而根牟在魯東北，邾小國，豈能到此？」〔註51〕

又成六年經：「取鄟。」傳曰：「鄟，國也。」范無注，疏云：

> 《公羊》以爲鄟是邾之邑，與《穀梁》異。【卷十三，頁 10／p.132
> 下】

案：楊疏并引《公羊》以存異也。

又襄公十三年經文：「夏，取邿。」疏云：

> 《公羊》以邿爲邾婁之邑，此傳雖無說，蓋從左氏爲國也。【卷十五，
> 頁 13／p.153 上】

按：楊疏是也。程發軔《春秋要領，地名檢查表》以襄公十三之「邿」歸于
國名。

又如襄二十五年經文：「吳子謁伐楚，門于巢卒。」疏云：

> 舊解：巢，楚境上之小國，有表裏之援，故先攻之，然後楚可得，

> 彭夢日撰」。

〔註51〕傅隸樸《春秋三傳比義》下冊，頁 576 所引。（民國 72 年 5 月，商務印書館）

伐（或）以爲楚邑，非也。徐邈云：巢，偃姓之國是也。【卷十六，
頁 8／p.159 下】

按：楊疏此引舊說辨國與邑之別，并引徐邈之注爲釋。陳槃考其地爲今「江
南廬州府巢縣東北五里有居巢城。」〔註 52〕

三、釋人名氏姓

人名氏姓，楊氏多引他注或書以釋之，如：隱九年經文：「俠卒。」傳曰：
「俠者，所俠也。無侅之命，未有聞焉。或曰：隱不爵大夫也。或說曰：故
貶之也。」范注：「俠，名也。所，其氏。」楊疏云：

徐邈引尹更始云：所者，俠之氏。今范亦云：「所其氏」。則所者是
俠之氏族，但未備爵命，故略名耳。麋信以爲所非氏，所謂斥也。【卷
二，頁 6／p.25 下】

按：楊疏此用徐邈引尹更始之說，以爲其同范注「所，其氏」而不從麋信之
釋，然麋是徐非也。故鍾文烝《穀梁補注》：「文烝案：麋氏之意，所者斥言
爲某氏之辭，猶言某，俠也。疑麋說是，莊三年解溺爲公子溺，是魯人相傳
云爾。俠別有氏，魯人失之。」〔註 53〕

又如文六年經文：「夏，季孫行父，又如陳。」疏云：

《世本》李友生仲無侅，侅生行父是也。【卷十，頁 8／p.101】

又如文十三年經文：「夏五月壬午，陳侯朔卒」疏云：「《世本》是陳共公也。」，
同年：「邾子遽篨卒。」疏云：「《左傳》是文公也」【卷十一，頁 6／p.109】

而若有關三傳人名氏姓之辨，則詳見本篇第五章第三節。此僅以一例舉
證之；如又如僖八年經：「禘于太廟，用致夫人。」范注：「劉向曰：夫人成
風也……左氏以爲夫人。」疏云：

《左氏》以夫人爲哀姜，因禘祭而致之於廟，《公羊》以爲僖公本娶
楚女爲嫡，取齊女爲媵，齊女先至，遂脅公使立之爲夫人，故因禘
祭而見於廟。此傳及注則以夫人爲成風。……若《左氏》以夫人爲
哀姜，元年爲齊所殺，何爲今日乃致之？若《公羊》以爲齊之媵女，
則僖公是作頌賢君，縱爲齊所脅，豈得以媵妾爲夫人乎？明知二傳
非也。今傳云：「一則以宗廟臨之而後貶焉，一則以外之弗夫人而見

〔註 52〕陳槃〈春秋東虢、紀、郕云云巢十國別紀〉頁 89，孔孟學報十六期。
〔註 53〕見該書頁 54。

正焉。」檢經傳之文符同，故知是成風也。【卷六，頁 2／p.78 下】

案：此楊疏以本經傳明夫人爲成風，并駁左、公之說。齊召南《春秋穀梁傳注疏考證》云：「按此傳指成風，《左傳》以爲哀姜，《公羊》以爲僖公之夫人姜氏，本齊媵女之先至者，脅公立爲夫人，其說尤爲怪誕。大約《穀梁》之說是。」柳興恩云：「楊疏以難倒二傳矣。」〔註54〕茲以圖示之：

	左　氏	公　羊	穀　梁
「夫人」爲孰？	哀　姜	齊　女	成　風
附註（楊疏駁左公）	非	非	是

四、名物之訓釋

（一）關於器物之訓釋

如僖三年經文：「秋，齊侯、宋公、江人、黃人會于陽穀。」傳曰：「陽穀之會，桓公委端搢笏而朝諸侯。」范注：「笏，以記事者也。」疏云：

笏者，《玉藻》云：天子以球玉、諸侯以象，大夫以魚須文竹，士竹本象可也。其長短，則天子三尺、諸侯以下二尺有六寸也。【卷七，頁 7／p.72 上】

按：楊疏引〈玉藻〉釋「笏」名物之意，并言依爵位而異，長短之別。茲以圖示之：（見附錄三）。

（二）關於衣飾之訓釋

如襄八年傳文：「朝服雖敝，必加於上；弁冕雖舊，必加於首。」楊疏釋朝服、弁冕云：

朝服者，天子則皮弁，諸侯則玄冠，衣則皮弁，白布玄冠，緇衣，素裳也。弁冕者謂白鹿皮爲弁，冕謂以木爲幹，衣之以布，上玄下纁（按：音勳）垂旒（按：音流）者也。【卷六，頁 78／p.78 下】

按：朝服，乃官定服飾之一，君臣朝會時所穿之禮服，故《論語・鄉黨》：「吉月，必朝服而朝。」然朝服因官職而異，故楊氏疏天子、諸侯朝服之別及弁冕之狀。《說文》：纁，淺絳也。緇，帛黑色。旒，禮冠前後之垂玉。《禮記・玉藻》：「天子玉藻，十有二旒。」茲以圖示之：（見附錄四）

〔註54〕見皇清經解本，卷三百一十五，頁 11，總頁 3376，所收錄齊侍郎《穀梁傳注疏考證》；及柳興恩《穀梁大義述》頁 108。

又如襄二十七年傳文：「織絇（按：音渠）邯鄲。」楊疏釋「絇」云：

　麋信云：絇者，著履烏（按：音細）之頭，即《周禮》：「絇繶（按：
　音意）及純」是也。【卷十六，頁 10／p.160 下】

按：楊氏疏引麋信釋「絇」，并引《周禮》證其文。今按：絇，鞋子前端之裝飾，《說文》：「絇，纑繩絇也。」鄭注《儀禮・士冠禮》云：「絇之言拘也。以爲行戒，狀如刀衣鼻，在屨頭。」繶，鑲飾鞋子之絲帶。《廣雅・釋器》：「繶，絛也。」純，絲也。烏，複履，以木置履下，乾腊不畏泥溼也。茲以圖示之：（見附錄三）

五、敘事考史之釋

如莊十二年傳文：「貫之盟，管仲曰：『江黃遠齊而近楚，楚爲利之國。……』管仲死，楚伐江、滅黃，桓公不能救，故君子閔之也。」楊疏云：

　《史記》管仲之卒，在桓公四十一年。計桓公四十一年，當魯僖十五年，
　而此云：管仲死者。蓋不取之《史記》之說。【卷八，頁 1／p.82 下】

按：楊疏此處考史實，而言此傳不取《史記》之說。齊召南云：「按：《穀梁》謂管仲既死，桓公霸業不終，但《史記》以管仲之卒在齊桓公四十一年、當僖十五年，考據必確。《左傳》雖無管仲卒年月明文，然僖十七年齊侯小白卒。傳云：公與管仲屬孝公於宋襄公，以爲太子，雍巫因寺人貂以薦羞於公，有寵，公許立武孟，管仲卒，五子皆爭求立，冬十月乙亥，齊桓公卒云云。是由五公子爭立，追敘管仲既卒，非謂仲卒於十七年也。總之在十二年，仲必未卒。《左傳》是冬齊侯使管仲平戎於王。王以上卿之禮享仲，仲受下卿之禮而還。是冬仲固無恙也。襄公嗣位，在僖九年即與葵邱之會，時未終喪，經書宋子、桓公與仲屬立孝公，當不在此時；其後數年，齊宋并無會盟之事，惟十三年會于鹹，十四年城緣陵，十五年盟牡邱，次于匡，齊、宋并在，疑屬立孝公，當在此時也。後人見此數年中，霸業不振，斷謂仲必前卒，不知齊桓公末年小人雜進，任仲亦必不如初年，雍巫因寺人貂以干進，雖不知確在何年？而寺人貂漏師多魚，在僖二年當霸業方盛之日，則嬖倖竊權久矣！小人害霸，管仲臨卒尚爲桓公言之，又烏知仲卒不在十五年，如《史記》所云乎？」〔註 55〕今案：齊氏依《左氏》之史實及己意推斷管仲之卒，未必非如《史記》所言，而反駁楊疏。

〔註 55〕見《皇清經解》卷三百一十五，頁 12，總頁 3376，齊侍郎《穀梁傳注疏考證》。

又如僖五年經文：「公及齊侯、宋公、陳侯云云會王世子於首戴。」楊疏云：

　　案：《史記・諸侯年表》：此時齊侯，桓公也；宋公，桓公也；陳侯，宣公也；衛侯，文公也；鄭伯，文公也；許男，僖公也；曹伯，昭公也；其王世子者，即惠王之世子，名鄭，後立爲襄王是也。【卷七，頁 12／p.74 下】

按：此楊疏據《史記・諸侯年表》考當時與會首戴之諸侯等人。

六、說解文意

此言說解經傳文之意，使內容更爲明顯也，其可分以下數端：

（一）揭明經傳文之旨

如僖九年經文：「伯姬卒。」傳曰：「內女也。」楊疏云：

　　明內女有書卒之義，故發有云：「內女」也。【卷八，頁 4／p.79 下】

按：此楊疏明揭經文，內女有書卒之義。

又如僖九年經文：「公會宰周公、齊侯、宋子云云于葵丘。」傳曰：「宋其稱子，何也？未葬之辭也。禮，柩在堂上，孤無外事，今背殯而出會，以宋子爲哀矣。」楊疏云：

　　稱宋子正也，而無哀者，宋子非主伯所召，而自會諸侯，稱子，嫌稱子合正，無譏。故傳責其背殯也。【卷八，頁 4／p.79 下】

按：此楊疏言傳明經意也。鍾文烝《穀梁補注》：「傳明經意，見其無哀也。」〔註56〕柯劭忞《春秋穀梁傳》云：「按：傳責宋子無哀，以見不得葬之義。」〔註57〕

（二）語譯其文

如僖十年傳文：「麗姬下堂而啼，呼曰：『天乎！天乎！國，子之國也。子何遲於爲君？』君喟然而歎曰：『吾與女未有過切，是何與我之深也？』」楊疏釋晉君之語云：

　　公信麗姬，謂太子實將殺己，故喟然歎曰：「吾與汝爲父子以來，未嘗有過差切急，是何與我之深也？」雖不對太子發歎而爲此言也。【卷八，頁 8／p.81 下】

〔註56〕見該書頁 257。
〔註57〕見該書頁 163。

按：楊疏以語譯方式，釋晉君之語。

（三）疏通文意

如隱元年經：「春王正月。」傳曰：「已廢天倫而忘君父，以行小惠，曰小道也。」疏云：

> 伯夷、叔齊及大伯等讓國，史傳所善。今隱讓國而云「小道」者，伯夷為世子，其父尚存，兄弟交讓而歸周，父沒之後，國人立其中子，可謂求仁而得仁，故以為善。今隱公上奉天王之命，下承其父之託，百姓已歸，四鄰所與，苟探先君之邪心而陷父於不義，開篡弑之原，啟賊臣之路，卒使公子翬乘釁而動，自害其身，故謂之「小道」。【卷一，頁 3 / p.10 上】

按：伯夷等事蹟，見《史記・伯夷列傳》，公子翬則見〈魯世家〉，伯夷與隱公同是讓，但隱公卻「陷父於不義，開篡弑之原，啟賊臣之路。」故謂之「小道」楊疏以比較而衍釋，其意中肯，故《穀梁補注》云：「疏說是也，傳以成志之文著而不志之文微，故詳言以明之。」

又如成二年經文：「齊侯使國佐如師。」傳曰：「爰婁，去國五十里。」疏云：

> 齊為晉所敗，兵臨城下，然則敗軍之將，不可以語勇，驚弦之鳥，不可以應弓。所以更能五戰者，齊是大國，邑竟既寬，收拾餘燼，足當諸國之師，故請以五也。【卷十四，頁 4 / p.129 下】

案：楊疏以意釋齊為大國，并言可以請五戰之由。

七、校勘其文

此指楊疏于校經傳注文，而有發明者。如：

（一）引他文而校

如文五年春：「王使毛伯來會葬。」疏云：

> 《左氏》、《公羊》及徐邈本並云召伯，此本作毛伯，疑誤也。【卷十，頁 8 / p.101 下】

按：鍾文烝《穀梁補注》云：「毛當為君，榮叔，召伯皆大夫；文烝按：左傳曰『召昭公』」〔註58〕楊氏引左傳等書校經文之誤，其說是也。

〔註58〕見鍾文烝《穀梁補注》頁 347。（民國 57 年 12 月臺一版，商務印書館，國學

　　又成元年經：「冬十月，季孫行父禿、晉郤克眇、衛孫良夫跛、曹公子僂同時聘於齊。」傳曰：「齊使禿者御禿者，使眇者御眇者，使跛者御跛者，使僂者御僂者。」疏云：

　　　《左氏》以爲跛，今云「眇者」，《公羊》無說，未知二傳孰是？范明年注云：「郤克破」者，意從左氏也。或以爲誤跛當作眇。【卷十三，頁2／p.128下】

按：楊疏未考跛、眇二者孰是眞？鍾文烝《穀梁補注》云：「此又眇、跛字當互易，郤克之跛，見《左傳》《國語》，范注下年傳，以郤克爲跛，沈文阿（南朝，陳國經學家，西元503～563年）引穀梁云：『晉郤克跛、衛孫良夫眇，自唐定本始誤，而楊氏作疏因之，陸德明亦誤，下句之次同誤。」〔註59〕又案柯劭忞《春秋穀梁傳注》云：「左傳正義引沈文何引傳，晉郤克破、衛孫良夫眇，唐定本始，跛、眇互易」意同。關於此點，吳連堂《春秋穀梁經傳補注研究》有詳考，〔註60〕茲不贅。

　　又如：宣十六年經文：「成周宣榭災。」傳曰：「周災不志。」楊疏云：

　　　徐邈云所據本云：「周災至。」注云：「重王室也。」今遍檢范本，并有不字，則不得解與徐同也。【卷八十二，頁17／p.123上】

按：此楊疏依范注而駁徐邈所據文及注之非，蓋失矣。鍾文烝《穀梁補注》云：「疏『至』字。乃怨之誤，謂徐本無不字耳。徐本是也。外災不志，而宋爲王者後，則志。周災則志，皆是經例因史例也。徐云：『重王室。』其義尤允當，蓋范本誤衍不字也。」〔註61〕又王引之云：「引之謹案：徐本『周災志』，至當爲志，聲近而談也。《荀子·正論》篇：「其至意至闇也。」楊注曰：「至意當爲志意，亦聲近而談。」，疏曰：范本有不字，不得解與徐同，則志字與徐不異可知，蓋外災不志，襄九年傳而周災則志，所以重王室也，故曰周災志。若作周災不志，則與經志『成周宣榭災』不合，周災既不志，則雖樂器之所藏，亦不當志矣。經何以書成周宣榭災乎？當以無不字，爲是周災志者起下文之辭，言周災固當志，經不直云『成周災』，而舉宣榭者，以其樂器所

　　　　基本叢書四百種）

〔註59〕見該書頁44。

〔註60〕吳連堂《春秋穀梁經傳補注研究》頁186。（國立高雄師範大學國文研究所碩士論文，民國76年6月）。

〔註61〕見該書頁431。

藏，重之也，故曰：『周災志。』」〔註62〕柳興恩云：「述曰：蒙校毛氏汲古閣本，亦與此同。」

2、以存校之

此言楊疏文未明經傳文指孰是孰非，而以「或別字」存之。如僖三十三年經文：「晉人及姜戎敗秦于殽。」傳曰：「秦越千里之險，入虛國。進不能守，退敗其師。」疏云：

> 舊解進不能守，謂入滑而去；退敗其師謂敗於殽也。本或別進字者。

【卷九，頁 17／p.96 上】

按：王引之《經義述聞》：〔註63〕「謹案進不能守，當作不能守進；不至始也，當作不能至始也。舊解『進不能守』，當作舊解『不能守』，本或別進字者，當作『本或別有進字者』，蓋疏所據本，不能守，上無進字，不能守，即承入虛國言之，秦師入滑而去，故傳云『入虛國，不能守』疏云：『舊解不能守，謂入滑而去也。』後人以下云退敗其師而增進字，以為對文，則義不可通。守以處言，非以行言，何進之有乎？疏既據無字進者作解，又存有進字者於後，故曰：『本或別有進字者』，但記別本，不用其義也。自唐石經誤從別本，作『進不能守』，而諸本因之，後人又改。楊疏以已誤之傳文，而原本幾不可復見，幸有疏之末句，以進字為別本，猶可知正本之無進字耳。」柳興恩云：「此可補校勘之誤。」〔註64〕按：此楊疏以本或字作校勘而存異。楊氏依舊解以無進字為疏，而以「本或別進字者」以存異，經王氏之說解，可得傳文之真，亦可見此條資料之可貴。

又如僖五年經文：「晉人執虞公。」范注：「三人殊而一致，三公舛而同歸，生死齊稱，蓋春秋所賤。」楊疏云：

> 三公舛而同歸，或有作舛者，舛謂差舛，理亦通。但定本作殊者多。

【卷七，頁 14／p.75 下】

按：此楊疏校范注「三公舛而同歸」之「舛」，或作「殊」，并以為二者皆通，可視為以存校之。

3、或以疑校之

如昭四年經文：「大雨雪。」范注：「雪或為雹。」疏云：

〔註62〕見王引之《經義述聞》頁 1002，（台北：臺灣商務印書館）。
〔註63〕見王引之《經義述聞》頁 997「進不能守」條（臺灣商務印書館）。
〔註64〕見柳興恩《穀梁大義述》頁 137。

《左氏》爲電,故范疑之云或爲電也。【卷十七,頁 3／p.166 上】

按:楊氏引《左氏》,明范注疑經文之由。

第四節　穀梁解經方式之析論

春秋原是魯史之名,但經孔子筆削,其屬辭、筆法等已異於一般史文,而寓是非褒貶於其間,名之曰經。疏云:「經者,常也。聖人大典可常遵用,故謂之經。傳者,釋經之文以取經之義也。穀梁所脩謂之傳,不敢與聖人同稱,直取傳示於人而已。」【卷一,頁 1／p.9】然穀梁之解春秋經方式有四:各舉備文、舉重言輕、省文(即不發傳之由)、互文相包是也。未論經史例之別。

一、舉備見義

各舉備文者,言於此經發傳是一義,於彼經發傳又別是一義……合數義而其經傳義始賅備。以其情況有別,故備言始明。如僖二年五月經文:「虞師、晉師滅夏陽。」傳曰:「虞無師,其曰師何也?以其先晉,不可以不言師也。」疏云:

> 小國無師,傳三發之者,並是小國不合言師,燕爲敗而重眾,故得言師;曹言師者,明其是君也;虞言師者,表其先晉也,以其言師不同,各舉備文耳。【卷七,頁 5／p.71 上】

按:燕師、曹師見桓十三、僖元年傳文,小國無師,楊疏此處備舉其「言師」不同之由。

又如僖公七年經文:「秋七月,公會齊侯、朱公……盟于寧母。」傳曰:「衣裳之會也。」疏云:

> 兵軍之會,四傳皆發之者……兵車之會少,故備舉以見義。【卷八,頁 2／p.78 下】

又如襄三十年經文:「冬十月,葬蔡景公。」傳曰:「不日卒而月葬,不葬者也。卒而葬之,不忍使父失民於子也。」疏云:

> 成十五年秋八月庚辰,葬宋共公。傳曰:月卒日葬者也,此云:不日卒而月葬,不葬者也。重發傳而文又異者,傳例「諸侯日卒時葬正也」明違此非正,故兩文以明之。【卷十六,頁 14／p.162】

按:楊疏舉宋共公與蔡景公,以明其非正例——「時葬」不葬者而爲書,月

葬有故，書日危不得葬也。宋共公夫德不葬，因伯姬書葬，故不得不存其葬書日葬；蔡景公「失子」非失民，書月葬。

二、舉重言輕

舉重以言輕，則輕重並貶。

如襄三十年經：「天王殺其佞弟夫。」傳曰：「諸侯目（宜作且）不首惡，況於天子乎？君無忍親之義，天子諸侯所親者，唯長子母弟耳。天王殺其弟佞夫，甚之也。」疏云：

> 嫌天子之殺弟異於諸侯，故以輕況重、舉重以明輕，輕重之道并見矣。【卷十六，頁 13／p.162】

按：此「諸侯且不首惡，況於天子乎？」是以輕況重也。今錄「天王殺其弟佞夫」為舉重以明輕，言不論是天王或諸侯殺其弟，皆以其罪賤之，則輕重之道並見。

三、省文相包

省文相包謂傳之釋經，於同類之情事，於此發傳，於彼不復發傳，以其義顯明；故發此足以包彼，省文是也。

如僖七年經：「秋七月，公會齊侯、宋公……盟于寧母。」傳曰：「衣裳之會也。」疏云：

> 衣裳之會十有一，或釋或不釋……衣裳之會多，省文以相包。【卷八，頁 2／p.78 下】

又如僖十五年十有一月經文：「晉侯及秦伯戰于韓，獲晉侯。」傳曰：「韓之戰，晉侯失民矣，以其民未敗而君獲也。」疏云：

> 范別例云：凡書獲有七……於晉侯著失民之咎，於蔡公子濕彰公子之病，華元表得眾之辭、苫弈顯公子之給，自餘雖不發，從省文可知。【卷八，頁 13／p.84 上】

按：此楊疏言經文書獲有七，但其由不發傳是省文也。

又如文二年經：「自十有二月不雨，至于秋七月。」傳曰：「歷時而言不雨，文不憂雨也。」疏云：

> 莊三十一年冬不雨，不發傳者，以一時不雨，輕故也。下十年、十三年意與此同，故省文不發之。【卷十，頁 4／p.99 下】

其餘如文十四年經:「同盟于新城。」宣十一年經:「納公孫寧、儀行父于陳。」成十年經:「齊人來媵。」十四年經:「僑如以夫人婦姜氏至自齊。」疏皆有云「省文」。蓋已詳其事,故不復發或一事不二譏也。

四、互文相包

互文起義,其實不異,言二傳異文實闡釋同一義也。然或有小別。如桓十五經:「秋九月,鄭伯突入于櫟。」疏云:

> 案:齊小白入于齊,傳曰:「以惡曰入。」衛侯朔入衛,傳曰:「入者內弗受也。」……或當以惡入者即內不當受,傳文互舉之,其實不異,理亦通耳。【卷四,頁 10╱p.40】

按:經言「入」,傳文雖有別,其義則不異也。鍾文烝《穀梁補注》云:「互舉之說是也。」

又如僖二十六年冬經文:「公至自伐齊。」傳曰:「惡事不致,此其致之何也?危之也。」疏云:

> 莊六年秋,公至自伐衛,傳曰:「惡事不致,此其致何也?不致則無用見公惡事之成也。」與此文不同者,互文以起義,其實不異,彼明惡事之成,此亦明之,此云危之也,則彼亦危之可知也。【卷九,頁 9╱p.92 上】

今按:鍾文烝《穀梁補注》云:「傳固互文,而此危之之意多,故言危之,與彼略異。」

其他如成十六年經云:「叔孫僑如出奔齊。」疏云:

> 僑如為君遇之不失所書日,臧紇則正其有罪而書日,二者不同。范引之者,欲明二者不異。臧孫云:正其有罪亦兼為君遇之不失所書日,僑如言如君有恩而書日,亦兼正其罪,可知是互文以相包,故引之。【卷十四,頁 11╱p.142 上】

五、論經史例

(一)史有闕漏

孔子作春秋,有因史文者,其詳、略皆從之。穀梁傳釋春秋經,或有從史文闕漏不載,楊疏亦發之。如莊二十六年經:「曹殺其大夫。」疏云:

案：大夫出奔，或書出不書入，秦后子是也。或書入不書出蔡季是

也。史有闕漏。【卷六，頁 10／p.61】

按：大夫出奔，有出有入，若書入不書出，或書出不書入，是史有闕漏也，

經沿舊史，故亦有此，疏則發之。

又如昭九年經：「十有二月甲子，宋公成卒。」范注：「不書冬，甯所未

詳。」疏云：

……范既不注，或是闕文也。【卷十七，頁 9／p.169 上】

按：楊疏以爲不書冬是史之闕文也。

（二）以人名繫國，史之常辭

楊氏以某國之臣書於史，前繫國氏以別之，爲史之常辭。

如宣二年春經：「獲宋華元」疏云：

何休云：「華元繫宋者，明恥辱及國。」案：齊國書陳夏齧皆繫國，

則是史之常辭，非有異文也。【卷十二，頁 3／p.116 上】

按：楊疏駁何休之說，並舉「齊書陳夏齧」言繫國是史之常辭，非有他故。

又昭八年經文：「陳侯之弟招殺陳世子偃。」疏云：

殺陳孔奐繫陳者，楚人殺他國之臣，故繫國。【卷十七，頁 6／p.167】

〔註 65〕

（三）經史例之別

言史例之變，爲仲尼所改而爲經。以下言其別：

1、葬 例

如文九年經文：「葬襄王。」楊疏云：

天子志崩，不志葬，而當日，是不葬之辭，故知諸侯無復往會者（宜

作葬）也，其實魯卿往會始書，若不會則不當書也。故春秋之世，

有十二王，志崩者有九，書葬者，唯五耳，良由王室不赴，諸侯不

會故也，志崩者有九，平王、桓王、惠王云云是也；書葬者有五，

桓王、襄王、匡王云云是也，其莊王、僖王、頃王三者不志崩，爲

〔註 65〕 他國之臣繫國，大之常辭，若於同條經文書國，則別有義，此繫國常辭之小
異也。如昭八年「陳侯之弟招殺陳世子偃師。」疏云：「陳世子體國重，故繫
國言之。」鍾文烝《穀梁補注》云：「陳世子不言其者，非君殺不得爲緩辭。」
而昭十三年「楚公子棄疾殺公子比。」公子比不繫楚者，疏云：「公子繫君不
繫國也。」【卷十七，頁 6／p.167】

不赴也。……【卷十一，頁 1／p.107 上】

按：此楊疏云「魯卿往會始書，若不會則不當書也。」即是舊史之例，「彼不赴，我不會。」之意，其皆可適用各卷之中，如昭十三年：「冬十月，葬蔡靈公。」傳曰：「變之，不葬有三。」范注：「變之謂改常禮，春秋之常，小國夷狄不葬。」疏云：

> 彼不赴我不會，及小國與夷狄，不書葬者也，舊史之常也。言變之，
> 言不葬，謂舊合書葬，有故而仲尼改之也。【卷十七，頁 15／p.172】

按：「彼不赴我不會」，為舊史之例也。又如襄六年經：「鄭伯費卒。」疏云：「在魯三年注，不往會，則經亦不書，則悼公不書葬者，魯不會也。」【卷十三，頁 10／p.132 下】又如僖九年經文：「晉侯詭諸卒。」楊疏釋及宋桓公不葬，亦云：「蓋魯不會故也。」【卷八，頁 6／p.80 下】，而經孔子之筆，書「不葬」有其原由。

2、納幣不書

如成八年經文：「宋公使公孫壽來納幣。」疏云：

> 納幣不書，其經之所書者三：莊公以非禮書一，公子遂以喪錄二也，
> 此為賢伯姬三也。【卷十三，頁 12／p.133 下】

按：楊疏言納幣不書，而經書者，即是經史之別。鍾文烝《穀梁補注》云：「文烝案：舊史凡納幣皆書，君子有不書，以其所不書著其所書也。」〔註66〕

〔註66〕見該書頁 460。

第五章　楊氏疏之駁傳及其他

　　「疏不破注，注不破傳」，乃先儒治經之通例，然楊氏之疏范注，則以是非爲準，不曲從傳注之文，故先儒頗稱善之。今本章「楊氏疏之駁傳及其他」，爲考楊疏之駁疑本經傳者，而「及其他」乃指駁左公二傳注、諸家舊注[註1]之說，此皆爲楊疏之特例，以下略敘之，以見其梗概焉。

　　第一節「楊氏疏之駁傳疑傳」，此是楊氏疏駁疑本經傳文之例也；第二節「楊氏疏駁左公二傳注」，春秋一經，詮釋之者有三傳，而三傳各有長短，范甯評「左氏豔而富，其失也巫；穀梁清而婉，其失也短；公羊辯而裁，其失也俗。」，故治春秋者不可偏執一家，宜兼治之，史實、義理并重，抉其藩籬，然三傳歧義之處甚多，則須明辨之，故有對《左》、《公》傳注訓辭、說解之非而駁者，楊氏或依己意直駁之，或引本經傳文、他書而駁之，或依范注而駁。又有就典章禮制、人名氏姓、事之由而「論辨三傳之異同」者，楊疏藉此期能平息三傳之殊說也。此外，第三節「楊氏疏駁評諸家舊注之說」，就駁諸家舊注之說而言，有依理直駁之、依經上下文而駁、引他書而駁、及依范注而駁，此乃楊疏欲平息六朝歧義之眾說，使經義歸趨於一也。另「評諸家舊注之說」，或稱其是，或責其非，以見楊疏對諸家舊注之譽毀也。

第一節　楊氏疏之駁疑傳

一、楊氏疏之駁傳

　　此駁傳謂楊疏論其文，而以爲宜刪。

　　如襄十年經文：「遂滅傅陽。」傳曰：「遂，直遂也。其曰遂何？不以中

〔註1〕　筆者案：此所謂「舊注」，包括有名氏之注，如徐邈，及爲楊疏所隱去名氏之舊解（即舊疏）。

國從夷狄也。」疏云：

> 傳言遂，直遂也者，是繼事之辭，不須云。【卷十三，頁 9／p.151 上】

按：此楊疏直言傳文「傳言遂，不須云」，意謂「遂」宜刪去也。

二、楊氏疏之疑傳

桓四年經文：「公狩于郎。」疏云：

> 《左傳》、《周禮》、《爾雅》並云：「春曰蒐、夏曰苗、秋曰獮、冬曰
> 狩。」《公羊》之文則「春曰苗、秋曰蒐、冬曰狩。」；此傳之文，
> 則「春曰田、夏曰苗、秋曰蒐、冬曰狩。」所以不同者，《左氏》之
> 文，是周公制禮之名。二傳之文，或春秋取異代之法，或當天子諸
> 侯別法，經典散亡，無以取正也。【卷三，頁 8／p.31 下】

按：楊疏引《左傳》等典籍，言經典散亡，無以徵之，故疑傳四時田獵之名，
不知何者爲是？鍾文烝《穀梁補注》云：「孔穎達王制正義引鄭君《釋廢疾》謂
穀梁四時田者，近孔子故也。《公羊》正當六國之亡，得見孔子所藏之讖緯，改
爲三時田，從春秋之制；鄭與何休，皆信讖緯，以爲孔子之書，後漢之妄說也。
讖緯即用公羊，公羊世違失實，孔廣森以爲諸侯制，似取楊疏之義，亦無徵也。」
〔註2〕陳槃〈古社會田狩與祭祀之關係〉：「《左氏》、《周禮》、《穀梁》亦均主四
時之說……案：四時田狩之名，互不同，義各有取。《左氏》、《穀梁》之說，對
諸侯而發，未言其制是否與諸侯共之。獨韓詩內傳明言天子諸侯。蓋內傳說詳。
《左氏》、《穀梁》因事而發，斷章取喻，故其言從略也。主三時者，則有《公
羊》桓四年傳、《禮記·王制》、《記苑修文》、《春秋運斗樞》（以下以表示之）。
彼皆言夏不田，故止得三時也。其實無論其歲三田，抑或四田，都無非舉行儀
式而已。」〔註3〕由上可知，吾人雖不知何名爲是？其爲三或四時田？然可知
其爲田狩時舉行之儀式，故穀梁傳又云：「四時之田，皆爲宗廟之事也。」

	左傳、周禮、爾雅	穀　梁	公　羊
春	蒐	田	苗
夏	苗、獮	苗	×
秋	狩	蒐	蒐
冬		狩	狩

〔註 2〕鍾文烝《穀梁補注》頁 81。
〔註 3〕見中央研究院歷史語言研究所集刊，第二十一本，頁 2，民國 37 年。

又如疑傳「莒爲夷狄」，成九年經文：「楚公子嬰齊帥師伐莒。」傳曰：「莒雖夷狄，猶中國也。」范注：「莒雖有夷狄之行，猶是中國。」疏云：

> 若使莒非中國，雖惡，猶不得日也。【卷十四，頁 2／p.137 下】

按：范氏爲傳飾說，楊疏雖未明言莒非夷狄，但以文中假若語氣，似乎亦不承認莒爲夷狄。成十四年經云：「莒子朱卒。」范注：「徐邈傳稱莒雖夷狄猶中國也。言莒本中國，衰弱遂行夷禮。」【卷十四，頁 6／p.139 下】可爲范此年注，故莒非夷也，只是莒行夷禮，不得同於中國，非本夷狄也。再者莒爲嬴姓子爵，周武王所封，是少昊之後；《春秋年表序》亦列吳、邾之下，薛、許之上，莒如何可目之爲夷狄乎？楊氏近是。

第二節　楊氏疏辯駁左公傳注

春秋一經，而釋之有三傳，三傳各有長短，范甯評「左氏豔而富，其失也巫；穀梁清而婉，其失也短；公羊辯而裁，其失也俗。」故治春秋者不可偏執一家，宜兼治之，抉其藩籬而歸於一。雖如此，三傳同意者，十之六七亦所在多有也。如隱元年經：「鄭伯克段于鄢。」傳曰：「段，鄭伯弟也。何以知其爲弟也？殺世子、母弟目君，以其目君，知其爲弟也。」疏云：

> 殺世子、母弟皆目君，傳何以知非世子者？《左氏》、《公羊》，故此傳亦同舊解，以爲世子申生，傳曰：「目晉侯斥殺，惡晉侯也。」宋公殺世子，傳無明解，同例可知……目君稱世子，其罪誅者，即不書。今段目君而不去世子，是弟可知，理亦通。不及取二傳爲證，後進易曉。亦以段爲鄭伯之弟，故此傳亦同之。【卷一，頁 4／p.10 上】

此三傳皆以段爲鄭伯之弟，無異也。然楊氏疏范注，或取二傳以存錄異說（見第二章第四節之三「兼取左公傳注」）或辯駁其意，又如成十五年經文：「癸丑，公會晉侯、衛侯……同盟于戚，晉侯執曹伯歸于京師。」傳曰：「以晉侯而斥執曹伯，惡晉侯也。」疏云：

> 《左氏》以爲曹伯殺大子而自立，《公羊》之意，曹伯篡喜時，據二傳之文，則是有罪。范云：不以其罪者，范以曹伯言執云：「惡晉侯。」曹伯之入云「歸爲善」，據此二文言之，明執之不以其罪，不得以《公羊》、《左氏》爲難。【卷十四，頁 8／p.140 下】

按：「曹伯歸自京師」，成十六年文。楊疏以范注「歸爲善」例駁左公二傳，以爲曹伯有罪，因晉侯執不以其罪者，故「惡晉侯」也。柯劭忞《春秋穀梁傳注》亦云：「伯討宜稱人以執，僖二十八年晉人執衛侯是也。負芻殺太子自立，若晉人聲其罪而討之，則負芻非曹伯也，既與之盟，以定其位矣。是執曹伯，非執殺太子之賊。」又云：「范甯說明晉之私。」〔註4〕而鍾文烝《穀梁補注》亦言左公之失，其云：「《左傳》謂『曹伯殺太子而自立』黃仲炎云：『未必然。』程端學（元代經學家）以爲附會，恐當從之。《公羊》但云『公子喜時讓國』而左傳下年曹人請晉，雖重子臧，亦未嘗不義曹君也。」〔註5〕或同引何休、杜預注而駁之。如僖元年經：「楚人伐鄭。」疏云：

> 不以州舉之者，以楚雖荊蠻，漸自通於諸夏，國轉強大，與中國抗衡，故不復州舉之。何休云：「稱楚人者，爲僖公諱與夷狄交婚，故進之，使若中國也。穀梁無交婚之事，其言不可通于此也。」杜預云：「荊始改號曰楚。」案莊十四年傳云：「荊者何？州舉之也，州不如國。」注云：荊不如言楚，則亦與杜預異也。【卷七，頁2／p.69下】

按：楊疏引何休、杜預之注「楚不以州舉之」說並駁之。鍾文烝《穀梁補注》：「李光地曰：將有齊桓膺懲之事，不得復舉，其說亦可存也。楚皆稱人爲常，不直以國舉。」〔註6〕

以下說明楊疏之駁左、公傳注者：

一、駁左氏傳注

（一）駁左氏傳注訓辭之非

如成八年經：「天子使召伯來錫公命。」疏釋天王云：

> 《公羊傳》云：「其稱天子何？元年春王正月正也，其餘皆通矣。」何休云：「德合於元者稱皇，德合於天者稱帝，仁義合者稱王。」又云：「王者取天下歸王也，天子者爵稱也，聖人受命皆天所生，故謂

〔註4〕見柯劭忞《春秋穀梁傳注》卷之十，頁324。（未著出版年月，大通書局，經學粹編）

〔註5〕鍾文烝《穀梁補注》頁487，（民國57年12月臺一版，臺灣商務印書館，國學基本叢書四百種）。

〔註6〕同上註，頁225。

之天子。」或言天王,或言天子,皆相通也。唯賈逵云:「畿內稱王,
諸夏稱天王,夷狄稱天子。」其理非也。【卷十三,頁 13／p.134 上】

按:此駁左氏傳家賈逵之注也。楊疏引《公羊傳》何《注》釋「天王」意,
并依理駁《左氏》家賈逵之釋爲非也。

(二)駁左氏傳注說解之非

1、依本經傳文而駁

如:莊十四年經文:「荊入蔡。」傳曰:「荊者楚也,其曰荊何也?州舉
之也。」楊疏云:

麋信云:楚子貪淫,爲息嬀滅蔡,故州舉之。是取《左傳》之說,
非也。十年傳云:「聖人立,必後至,天子弱,必先叛。故曰:荊,
狄之也。」則此亦與彼同耳。【卷五,頁 18／p.52 下】

按:麋信採莊十四年《左氏》,「蔡侯滅息,以息嬀歸」、「楚子以蔡侯滅息,
遂伐蔡。」,此楊疏亦以穀梁本傳文駁之。

又如成九年經:「城中城。」疏云:

舊解:以爲有難而脩城,則不譏之。若文十二年「季孫行父城諸及
鄆」是也,此涉《左氏》之說。案:《穀梁傳》:「凡城之志,皆譏」
安得有備難之事,若備難無譏,則經本不應書之。經既書之,明譏
例同。或以爲「城諸及防」是十一月,故傳發可城之文,今此城是
十二月,故發外民之傳,雖同是譏事,有優劣,故發傳以異之。【卷
十四,頁 3／p.138 上】

按:此楊氏疏依穀梁本傳文,駁《左氏》之說。又按:舊解從《左氏》,楊疏
此依范注傳例駁之。

2、依范注而駁

如文十八年經文:「莒弒其大夫庶其。」范注:「傳例曰:稱國以弒其君。
君惡甚矣。」楊疏云:

舊解:稱國者,謂惡於國人,并虐及卿大夫;稱人者謂失心於民庶
也。此乃涉賈逵之說,據十六年范注,則似不然。【卷十一,頁 13
／p.113 上】

按:此楊疏依文十六年之范注而駁舊解說解傳例之非。然此舊解是依左氏學
家賈逵也,故可視爲「駁左氏傳注說解之非」。

二、駁公羊傳注

（一）駁公羊傳注訓辭之非

莊元年經：「王使榮叔來錫桓公命。」范注：「禮有九錫：一曰輿馬、二曰衣服……皆所以襃德賞功也，德有厚薄，功有輕重，故王命有多少。」疏云：

> 九錫者，出自《禮緯文》。此九錫與《周禮》九命異。何休注《公羊》
> 既引九錫之文，即云：「百里不過七命，五十里不過五命。」其意以
> 九錫即是九命也。今知何說非者：案〈大宗伯〉：「以九儀之命，正
> 邦國之位，一命受職，再命受服，三命受位，四命受器，五命受則，
> 六命賜官，七命賜國，八命作牧，九命作伯。」其言與九錫不同，
> 明知異也。……《白虎通》云：「能安民者賜車馬，能富民者賜衣服，
> 能和民者賜樂，則民眾多者賜朱戶，能進善者賜納陛，能退惡者賜
> 虎賁，能誅有罪者賜鈇鉞，能征不顯（順）者賜弓矢，孝道備者賜
> 秬鬯。」亦是有功特賜，不關九命之事也。【卷五，頁3／p.45上】

案：此楊疏駁何休注「九錫」即是「九命」之說，并引〈大宗伯〉之文比對之，再引《白虎通》言九錫亦是有功特賜，但不關九命，強調九錫非九命也。故齊召南云：「按疏糾何休以九錫即是九命之謬是也。……禮緯本不足憑，何注公羊亦非傳意，范注已知何說之非，楊疏又暢九命、九錫不同之旨。」〔註7〕

又如：成公元年經：「三月，作丘甲。」傳曰：「有士民。」范注：「學習道藝者」楊疏：

> 何休云：「德能居位曰士。」范云：「學習道藝」是以為之四民，若
> 以居位，則不得為之民，故云學習道藝也。【卷十三，頁 2／p.128
> 下】

案：楊疏依范注「學習道藝」而駁何休注「士」之意。

（二）駁公羊傳注說解之非

1、依己意駁之

如文四年經：「夏，逆婦姜于齊。」傳曰：「其曰婦姜……其不言氏何也？貶之也。何為貶也？夫人與有貶也。」疏云：

> 《公羊傳》曰：「其謂之逆婦于齊何？娶於（乎）大夫者，略之也。
> 徐邈亦以為不書至，不稱夫人，下娶賤略之。若以諸侯下娶大夫，

〔註 7〕見《皇清經解》卷三百一十五，頁5，總頁3373，齊侍郎《穀梁傳注疏考證》。

使爲略賤，則大夫亦不得娶諸侯，且天子得下婚諸侯，何爲諸侯不
得下娶大夫？是公羊之言，不可以解此也。蓋不稱夫人，不言至者，
以其婦禮成於齊，故異於餘稱。【卷十，頁 6／p.100 下】

按：楊疏依己意駁《公羊》「下娶之說。」，而徐邈之說實取公羊之義也。〔註8〕
然徐邈「不書至」，鍾文烝《穀梁補注》云：「不稱夫人者，文不得言逆夫人也。
不言至者，逆已稱婦姜，婦有二義，足以包至，不須言至矣。何休曰：『稱婦姜
至文也，逆與至共文。』其說是也。」此疏之申「夫人與有貶」亦與公羊異。

　　又如宣十二年：「夏，晉荀林父帥師及楚子戰于邲。」疏云：

《公羊傳》：「稱荀林父，稱名氏。先楚子者，惡林父也。」若然，
城濮之戰後子玉，當是善子玉乎？徐邈云：先林父者，內晉而外楚
是也。【卷十二，頁 14／p.121 下】

按：楊疏依己意反駁公羊之說，并引徐邈爲釋。

　　又如成元年「無冰。」疏云：

徐邈、何休並云「此年無冰者，由季孫行父專政之所致也。」桓十
四年亦無冰。范云：「政治舒緩之所致。」必不得與二說同也。又爾
時季氏不專政，亦無冰，明徐、何之言不可用。【卷十三，頁 1／p.128
上】

按：此楊疏駁《公羊》何注之說。鍾氏從何，楊疏引范意駁徐、何之說，並
依己意正之。

2、引本經傳文及他書而駁

　　如襄五年經文：「秦伯卒。」疏云；

《左氏》以爲同盟則名，同盟而不名，皆從赴。《公羊》以爲秦伯不
名者，秦，夷也。匿嫡之名，其意云：「嫡子生不以名，告國中，唯
擇勇猛者而立之」，又云：「秦伯罃及稻名者，嫡子故得名之。」言
獨二人以嫡得立也。此傳云：隱七年「滕侯卒。」云無名，狄道也。
則此秦伯不名者，以用狄道也。又隱八年「宿男卒。」注曰：「宿，
微國也。未能同盟，故男卒也。」據彼則是未同盟者，則不赴以名。
案：秦之諸君卒，經或名或不名，則是非用狄道，蓋同《左氏》未
同盟，故不名也。徐邈云：「秦伯不名，用狄道也，恐非也。」【卷

〔註8〕柯劭忞《春秋穀梁傳注》頁 228 云：「徐邈說不書至，不稱夫人，下娶賤略之，
　　　　亦取公羊之義也。」

十七，頁 5／p.167 上】

按：楊疏此引《左》隱七、八年之本傳文以駁《公羊傳》及何《注》言秦伯爲狄，故無名之說，并引徐邈之注以證其說。

又如成十年經文云：「齊人來媵。」范注：「媵伯姬也。異姓來媵，非禮。」楊疏云：

> 何休以爲異姓，亦得媵。故鄭《箴膏肓》難之云：「天子云備百姓，博異氣。諸侯直云備酒漿，何得有異姓在其中，是亦以異姓不合媵也」。【卷十四，頁 4／p.138 下】

按：此楊疏駁何《注》也。楊疏引鄭《箴膏肓》以爲天子可有異姓之媵，諸侯則否；以駁何休之說。

三、論辨三傳之異同

三傳雖同是解春秋，然歧異甚大。以日月例而言，公、穀多論而左少論。楊疏云：「《左氏》惟大夫卒及日食，以日月爲例，自餘皆否，此傳凡是書經皆有日月之例者，以日月相承其事，可悉史官記事，必當具文，豈有大聖脩撰而或詳或略？故知無日者，仲尼略之，見褒貶耳。【卷一，頁 3／p.10 上】」

按：此即楊疏言左、穀日月例之別。然除日月例外，楊疏尚辨三傳之同異并辨其是非。如：

（一）辨其差異

三傳注之說，有略同者，如成六年經：「立武宮。」疏云：

> 何休解《公羊》以爲臧孫許伐齊有功，故立武宮；《左氏》以爲季文子以鞌之功立武宮，據人雖別，同是伐齊，穀梁之意，亦以勝齊立武宮也。【卷十三，頁 9／p.132 上】

按：楊疏以此三傳同是「伐齊」，然同中亦有別也。以下論楊疏爲之辯說者：

1、辨典章禮制

如文六年「閏月，不告月，猶朝于廟。」疏云：

> 《公羊傳》稱：「閏月，曷爲不告朔，天無是月也。閏月矣，何以謂之『天無是月』：非常月也。」此傳云：「閏月者，附月之餘日也。天子不以告朔而喪事不數。」《公羊》、《穀梁》皆以爲閏月不合告朔。《左氏傳》云：「不告閏朔，棄時政也。何以爲民主？」則閏月當告

朔，與二傳異也。案：哀五年「閏月，葬齊景公。」公羊傳意以爲

并閏，此傳云：「喪事不數也」者，閏月不告朔，二傳雖同，其於喪

事數與不數，其意又異也。【卷十，頁 10／p.102 下】

按：楊疏此辨閏月是否當告朔，言公穀同，但喪事數不數，其又有差異——

公羊以爲「喪數略也」，穀梁卻是「喪事不數」未知孰是孰非？柯劭忞《春秋

穀梁傳注》云：「此二傳義相反，於禮斷之，何就鄭答：『居喪之數，以月數

者數閏，以年數者，雖有閏無與於數也。』據鄭意，喪事不數者，謂期與三

年也；此云『喪以閏數者，謂大功以下也』。按：鄭說得之。」〔註 9〕柳興恩

《穀梁大義述》引孔疏云：「公羊以爲喪以閏數，請通數閏月。穀梁云：不正

其閏也。謂喪事不數。左氏無傳，未知所從。」〔註 10〕茲以簡圖說明其同異：

	左　氏	公　羊	穀　梁
閏月是否告朔	閏月當告朔	閏月不當告朔	閏月不當告朔
開月，喪事數不數？（哀五年傳文）	無傳	喪數略也（并閏）	喪數不數
附註（鄭玄之釋）		大功以下	期與三年

2、辨人名氏姓

如隱元年：「無侅帥師入極。」傳曰：「不稱氏者，滅同姓，貶也。」疏

云：

《左氏》：「無駭，八年乃賜族」，則爲（無）族可稱，此傳云：「不

稱氏者，滅同姓，貶也。」則以無侅舊有氏。《公羊》：「無駭者何？

展無駭也。何以不氏？貶。曷爲貶？疾始滅也。」然則此傳貶意雖

與公羊異，或當先號展氏也。【卷一，頁 9／p.13 上】

案：楊疏言不稱氏與公羊同，皆貶意，〔註 11〕然其不同者，一是滅同姓、一

〔註 9〕 見柯劭忞《春秋穀梁傳注》頁 480。按：徐彥意與柯氏微異，其云：「然則鄭
氏之意，以爲彼云：不數者謂期與三年也。此云喪以閏數者，謂大功以下也。
若穀梁之意以爲大功以下，皆不數閏。」，（柳興恩《穀梁大義述》頁 230《穀
梁學二種》民國 62 年 9 月初版，鼎文書局）

〔註 10〕 柳興恩《穀梁大義述》，頁 227。

〔註 11〕 案隱八年冬十有二月經文：「無侅卒。」傳曰：「無侅之命，未有聞焉。或曰：
隱不爵大夫也。或說曰：故貶之也。」楊疏云：「若是不爵命大夫，二年傳不
得云：貶。彼入極爲貶去氏族，則此亦爲貶去氏族，就二說之中，後或曰：
是也。【卷二，頁 6／p.24 下】」按：此楊疏依本經傳文駁傳「不爵命大夫」之

是疾始滅。而皆以爲未貶之前號展氏也。齊召南云：「按極爲魯同姓，更無可考，即杜氏注《左傳》袛謂極是附庸之國耳。范注必以莊八年夏，師及齊師圍郕，郕降于齊師。秋，師還。傳曰：還者，事未畢也、遯也，有避滅同姓之意。故以極爲同姓，春秋之義，滅國即是大惡，內大惡當諱，變文言入言取耳，不必以極爲同姓而後諱滅也。」〔註12〕柳興恩曰：「述曰：此傳末云：『不稱氏者，滅同姓貶也。』范注承傳文而言，齊氏豈未見全傳耶！抑未，便非傳而借注以相形耶！均不可解。禮，諸侯滅同姓則名，衛侯燬邢是也；推之大夫滅同姓則去氏，此無侅帥師入極是也。」〔註13〕今案：齊氏以極、魯爲同姓，已無可考，及杜注《左傳》謂極是附庸之國，而推測范注避「滅同姓」之意，并又依傳例駁滅國當諱，故變文言入、言取，不必以極爲同姓而後諱滅也。而柳氏直以傳文駁齊氏之說，言穀梁傳文是也。茲以圖表示之：

	左　氏	公　羊	穀　梁
不稱氏之由	本無氏	貶	貶
貶之由		始疾滅	滅同姓
附　註	隱八年乃賜族	展氏（展無駭）	楊疏：或先號展氏

3、辨事之由

如襄元年：「仲孫蔑會晉欒黶、宋華元、衛甯殖云云圍宋彭城。」傳曰：「繫彭城於宋者，不與魚石正也。」楊疏云：

> 魚石，人臣而取君之邑，邑以繫國爲正，故言繫彭城於宋，不與魚石正也。……《公羊傳》曰：「曷爲繫之於宋，不與諸侯專封也。」《左氏》云：「今楚取彭城，以封魚石。」是魚石爲楚所封，則三傳不異。其說彭城繫宋，則異也。何者？《公羊》意彭城繫宋，不與楚封，此傳意彭城繫宋，不與魚石，是其異也。《左氏》以爲不成叛人，又云：「謂之宋志。」是又與二傳意不同也。【卷十五，頁 1／p.147 上】

按：此楊疏辨「彭城繫宋」三傳之異同說，今案：鍾文烝《穀梁補注》：「注言彭城屬魚石，其說未盡。《左傳》曰：『非宋地。』《公羊》曰：『楚取彭城，以封魚石。』又曰：『楚已取之矣。』然則彭城地屬魚石，即是屬楚，所以言

非，宜是貶去氏族。

〔註12〕見《皇清經解》卷三百一十五，頁 1，總頁 3371，齊侍郎《穀梁傳注疏考證》。

〔註13〕見柳興恩《穀梁大義述》頁 101（鼎文書局）。

非宋地也。《左傳》曰：追書，明舊史本無宋字，與哀三年圍戚同例，君子一增之，一仍之也。李光地曰：『圍宋彭城者，主晉之辭也。善晉義也。圍戚者，主衛之辭，誅衛志也；晉義善，則宋華元無惡矣。』李氏說此二經皆非正義，但經意自足兼見聞。」〔註14〕今按：鍾氏駁左、公二說，并引李光地之語申其意。柯劭忞《春秋穀梁傳注》云：「魚石據邑抗君之罪，凡善惡旨可言正，彭城不與魚石正，正魚石之罪。」〔註15〕其說是也。如圖所示：

	左　氏	公　羊	穀　梁
同：魚石爲楚所封	楚取彭城以封魚石	不與諸侯專封	不與魚石正也
異：彭城繫宋之說	不成叛人、宋志	不與楚封	不與魚石

又如襄二年經文：「遂城虎牢。」范注：「不繫虎牢於鄭者，如中國之邑也。」楊疏云：

今經不繫虎牢於鄭者，如國中之邑也。所以如國中之邑者，鄭服罪，故內之。所以鄭服不繫虎牢者，春秋之例，外邑皆不言城，今虎牢若繫鄭，則不得書之，故不繫之鄭比內邑也。《公羊》以虎牢不繫鄭者，爲中國諱伐喪說。《左氏》者，以爲虎牢已屬晉，故不繫鄭，并與穀梁異。【卷十五，頁2／p.147下】

按：襄十年經文云：「戍鄭虎牢。」可知虎牢屬鄭邑。然此不繫鄭，卻書「城」，《穀梁》以爲「若言中國焉，內鄭也。」《公羊》以爲諱伐喪；《左傳》以爲此時虎牢非鄭邑，爲晉邑。三傳之說各異，楊疏引之以較其同異。如圖所示：

	左　傳	公　羊	穀　梁
「虎牢」不繫鄭之由	虎牢已屬晉	爲中國諱伐喪	比之內邑

（二）論其是非

1、論人名氏姓

如隱元年「天王使宰咺來歸惠公仲子之賵。」傳曰：「母以子氏，仲子者何？惠公之母，孝公之妾也。」范注：「成風是也。仲子乃孝公時卒。」疏云：

《公羊傳》：「仲子者何？桓之母也。何以不言及仲子？仲子微也。」
《左氏》亦以仲子爲桓之母。今穀梁以爲妾，惠公之母者，以文九年

〔註14〕見該書頁495。
〔註15〕見該書頁337。

「秦人來歸僖公成風之襚。」彼若兼歸二襚,則先書成風,既經不先書成風,明母以子氏,直歸成風襚服而已。成風既是僖公之母,此文正與彼同,故知仲子是惠公之母也。鄭《釋廢疾》亦云:若仲子是極之母,桓未君則是惠公之妾,天王何以賵之,則惠公之母,亦為仲子也。以左氏、公羊皆言仲子,桓公母故也。【卷一,頁5╱p.11上】

案:楊疏辨三傳之異而申傳意,以文九年經例明證仲子為惠公之母,并引鄭釋廢疾明左、公以為桓公之母之由。柯劭忞《春秋穀梁傳注》云:「鄭意以惠公母之仲子與桓公之仲子,姓字同,非一人。其說得之。」〔註16〕鍾文烝《穀梁補注》云:「疏申鄭確矣。」又云:「仲子繫惠公,猶成風繫僖公,非夫人之辭也。直言仲子、成風,則夫人之辭也。成風違禮稱諡,仲子無諡稱字。」〔註17〕柳興恩云:「楊疏申范注以為王因惠公之喪而歸賵,其說未為無據。仲子卒在孝公時,妾禮不赴,王無由賵之,至惠公薨,王使來,於是母以子氏而追賵之,此秦人歸襚之例,故其後併無會葬之使也。」〔註18〕茲以圖示三傳之同異:

	左 傳	公 羊	穀 梁
仲子者何?	桓之母	桓之母	孝公之妾惠公之母
附註(楊疏駁左公)	非	非	是

又如隱二年經文:「十月二月乙卯,夫人子氏薨。」傳曰:「夫人者,隱之妻也,卒而不書葬,夫人之義從君者也。」楊疏云:

《左氏》:以子氏為桓公之母;《公羊》:以為隱公之母;《穀梁》知是隱公之妻者,以隱推讓據其為君,而亦稱公,故其妻亦稱夫人也。夫既不葬,故其妻亦不葬,以經上下文符合,故為隱妻。而《左氏》桓未為君,其母稱夫人是亂嫡庶也。《公羊》以為隱母,則隱見為君,何以不書葬?若以讓不書葬,何為書夫人子氏薨,故穀梁子以為隱妻也。【卷一,頁11╱p.14上】

按:楊疏以傳文隱稱「公」,故其妻稱夫人;及隱公之妻也,卒而不書葬,為從君者也。明「子氏」為隱妻。并駁《左》、《公》之說也。

〔註16〕見柯劭忞撰《春秋穀梁傳注》頁11,(大通書局,經學粹編十三)。

〔註17〕見鍾文烝撰《穀梁補注》頁10,(國學基本叢書四百種,台北:臺灣商務印書館)。

〔註18〕柳興恩《穀梁大義述》頁101。

	左　氏	公　羊	穀　梁
「子氏」爲孰？	桓之母	隱之母	隱之妻
附註（楊疏論其是非）	非	非	是

2、論經文書之由

如隱七年經文：「滕侯卒。」傳曰：「滕侯無名。」楊疏云：

> 《左氏》以滕侯無名爲未同盟，故夢不得以名赴。《公羊》云：滕侯
> 何以不名？微國也。微國則其稱侯何？春秋貴賤不嫌同號，美惡不
> 嫌同辭。《穀梁》以爲用狄道也，故無名者。若《左氏》以未同盟，
> 故不名，何爲春秋之內，亦有不盟而書名者？若《公羊》以爲微國
> 不名，則郲子克、許男新臣，何以名？故穀梁子以爲用狄道也，本
> 來無名字。【卷二，頁6／p.22下】

按：此楊疏比較三傳滕侯不名之由爲「用狄道」，并駁左、公二傳「未同盟」
及「微國」之說。

	左　氏	公　羊	穀　梁
「滕侯無名」之由？	未同盟	微國	用狄道
附註（楊疏論其是非）	非	非	是

第三節　楊疏駁評諸家舊注之說

一、駁諸家舊注之說

楊疏乃集漢以來訓詁之大成，然或有不同意其說，則引而駁之。此「諸
家舊解之說」包括經學名家，如徐邈、糜信或亡佚無名者之說及舊解、或以
爲之說，茲就駁疑之內容，分別述之：

（一）駁訓詁之失

如宣四年經：「公及齊侯平莒及郯，莒人不肯。」傳曰：「平者，成也。」
疏云：

> 舊解以莒不肯平，公伐莒，取向。莒人彌復怨郯，郯之與莒方爲怨
> 惡，乃是成就亂事，故之訓之爲成，注無此意，恐非也。【卷十二，
> 頁5／p.117上】

按：平者，宣十五年傳文：「平者，成也，善其力而反義也。」是其意也，非訓成就亂事，故楊疏駁舊解訓詁之失。鍾文烝《穀梁補注》曰：「與輪平同。」〔註19〕

又如挈之意，隱四年九月經文：「衛人殺祝吁于濮。」傳曰：「祝吁之挈（音切），失嫌也。」楊疏云：

> 祝吁之挈，徐邈以爲挈爲舉，即是提之稱。范云：不書氏族，提挈
> 其名而道之，則挈爲單舉，不具足之稱。【卷二，頁2／p.20下】

又於宣元年：「三月，遂以夫人婦姜至自齊。」傳曰：「遂之挈，由（繇）上致之也。」疏釋「挈」云：

> 挈者，謂去氏族而直書名。徐邈以挈爲舉，非也。【卷十二，頁1／p.115上】

按：楊疏於隱四年未駁徐道之說，而於宣元年疏中，前釋「挈」之意，後駁徐邈之非也。鍾文烝《穀梁補注》云：「挈實是舉，舉而直言之耳。」〔註20〕且《廣雅・釋詁》：「挈，提也。」又洪頤煊《讀書叢錄》云：「疏徐邈以挈爲舉即是提挈之稱。頤煊案：《方言》挈，特也。謂特書其名，餘凡言挈者其義同也。」〔註21〕

（二）駁說解之非

1、依理直駁其意

如僖十二年傳文：「貫之盟，管仲曰：『江黃遠齊而近楚，楚爲利之國。……』管仲死，楚伐江、滅黃，桓公不能救，故君子閔之也。」范注：「閔其貪慕伯者，以致滅。」楊疏云：

> 云閔之也者，閔其背楚致禍，歸齊無福之意，是不解經也。【卷八，頁1／p.82下】

按：「云……也者」爲訓詁形式用語，蓋楊疏引前人舊解并直駁其「歸齊無福」爲不解經義。

又如僖元年：「楚人伐鄭。」疏云：

> 不以州言之者，以楚雖荊蠻，漸自通於諸夏國，轉彊大與中國抗衡，故不復州舉之。或以爲言楚所以駁鄭。然則從此以後盡稱楚，豈皆

〔註19〕見該書頁400。
〔註20〕見該書頁392。
〔註21〕洪頤煊《讀書叢錄》頁222。

是駁鄭乎？其說非也。【卷七，頁 2／p.69 下】

按：此楊疏直駁「或以爲」釋稱楚爲駁鄭之意。

又如襄三十年經文：「晉人、齊人、宋人云云會于澶淵，宋災故。」楊疏云：

> 徐邈云：晉趙武、楚屈建，感伯姬之節，故爲之息兵，其意以爲諸
> 侯閔伯姬之賢，故歸宋財。爲澶淵之會，此不侵伐，連會言之，故
> 知爲伯姬也。范氏不解，理未必然。言感伯姬，歸宋財，事亦可矣，
> 豈以一婦人之貞，國則息兵八載，人情測，必是未可。又且傳稱趙
> 武、屈建之力，則無侵，不由伯姬明矣。【卷十六，頁 14／p.162 下】

按：此楊疏首依理駁鍾氏之說，言歸宋財可也，但不可言爲伯姬而息兵；次
又依經上下文駁之。鍾文烝《穀梁補注》云：「文烝案：伯姬事至葬已畢，《公
羊》以此亦爲錄伯姬，不可通于傳。息兵不相侵伐，亦不得以澶淵之會爲指
實，又此會無楚人，徐說非也。」〔註22〕其說是也。

2、依經上下文而駁

如僖十一年經：「秋八月大雩。」疏云：

> 舊解八月雩，雖不得雨，亦不云旱也。若九月雩而不得雨則旱，傳
> 言「得雨日雩」指爲八月也。不得雨日旱，指爲九月也。觀經傳上
> 下全無此意，其說非也。又傳二十一年夏大旱，范引傳例曰：「得雨
> 日雩，不得雨日旱。」豈是九月雩不得雨？何爲亦書旱也。【卷八，
> 頁 9／p.82 上】

按：此楊疏引經文直駁舊解之非，再引范例而質疑之。

又如僖二十八年經文：「公子買戍衛，不卒戍，刺之。」傳曰：「先名後
刺，殺有罪也。公子啓曰：『不卒戍者，可以卒也……』」疏云：

> 舊解云：啓即公子偃啓，書日者，啓無罪。今買書時者，是有罪也。
> 今觀上下文勢，理恐不然。何者？此傳上云「先名後刺」，下文云不
> 卒戍者，可卒也，本非釋時日之意，何爲公子啓一句，獨論日月之
> 事，若以穀梁專釋經，不論人語之事，何爲襄二十三年傳云：「蘧伯
> 玉曰：『不以道事其君者，其出乎？』」豈得謂遽伯玉曰，又不是人
> 言也，故知舊說非耳。【卷九，頁 10／p.92 下】

按：楊疏由經上下文駁舊解說書日、時以定啓之罪，並引蘧伯玉之語，言釋

〔註22〕見該書頁 569。

經不可不論人語之事。

又如僖四年經文:「楚屈完來盟于師,盟于召陵。」傳曰:「其不言使,權在屈完也,則是正乎?曰:非正也。以其來會諸侯,重之也。」楊疏云:

> 以其來會,重之也,謂完既不正,經無貶文者,重其會中國,徐邈云:「經不言使屈完者,重其會諸侯也。」不言使,前已解訖,徐說非也。【卷七,頁 7 / p.73 上】

按:楊疏此以經上下文駁徐邈之說,且傳文云「其不言使,權在屈完也」,徐氏不察,而自以爲意,云:「重其會諸侯。」

3、引他書而駁

如桓五年經文:「秋,蔡人、衛人、陳人從王伐鄭。」傳曰:「鄭,同姓之國也,在乎冀州,於是不服,爲天子疾矣。」范注:「冀州,案鄭本京兆,鄭縣是雍州之城,後徙河南新鄭,爲豫州之境,冀在兩河之間,非鄭都也。冀州言去京師近也。麇氏云:韓侯滅鄭,韓都冀州,故以目鄭。」楊疏云:

> 徐邈云:新鄭屬冀州。《爾雅》:兩河間曰冀州,新鄭在河南,不得屬冀州,是徐之妄也;麇信云:鄭在冀州者,韓哀侯滅鄭,遂都之,韓故晉也,傳以當時言之,遂云冀州。然則王伐鄭之時,本未有韓國,何得將後代之事,以爲周世之名,若以韓侯從冀州都鄭,大伯從雍州適吳,豈得謂吳爲雍州也,是麇信之謬矣。蓋冀州者,天下之中州,自唐虞及夏殷皆都焉,則冀州是天子之常居,以鄭近王畿,故舉冀州以爲說。【卷三,頁 10 / p.32 下】

按:此楊疏引《爾雅》之釋,駁徐邈之說,及依史實之常理,駁麇信之釋;再闡釋「冀州」之意。

又如成十八年經云:「築鹿囿。」疏云:

> 徐邈、何休皆云地名,天子囿方十里,伯方七里,子男方五里云云,案:《毛詩傳》云:「囿者,天子百里,諸侯三十里。」與徐、何二說別者,《詩傳》蓋據《孟子》稱文王囿七十里,寡人三十里,故約之爲天子、諸侯三十里耳,未審徐、何二家,據何爲說?【卷十四,頁 143 / p.143 下】

按:此楊疏據《毛詩傳》、《孟子》釋囿之大小,而駁疑徐、何之說。

4、依范注而駁

如桓五年經文:「秋,蔡人、衛人、陳人從王伐鄭。」傳曰:「舉,從者

之辭也。」范注：「使若王命，諸侯伐鄭，書從王命者，三國也。」楊疏云：

> 麋信曰：舉，從者之辭，謂解經稱人也。徐邈云：舉，從者之辭，
> 謂王不能以威致三國，三國自以義耳。范以二者不通，故爲別解，
> 言舉從者之辭，謂若王不親伐，直舉三國從王命之辭也，故下句云：
> 「爲天王諱伐鄭也。」【卷三，頁 10／p.32 下】

按：此楊疏依范注，舉三國從王命之辭，是爲天王諱伐鄭，而駁麋、徐之說。

又如：文七年經：「秋八月，公會諸侯、晉大夫，盟于扈。」傳曰：「其日諸侯，略之也。」范注：「晉侯新立，公使往會，晉侯不盟，大夫受盟。既以喪娶，又取二邑，爲諸侯所賤，不得序下（于）會，諱使若扈之盟都不可知，故略之。」疏云：

> 舊解「使若扈之盟都不可知」者，謂後十五年亦不序諸侯，探解下
> 文，故云：「都也。」今以爲范解諸侯不序之意，魯諱其不與，故摠
> 言諸侯，似若扈之盟，諸侯都不可知，非是探解下文始稱都也。【卷
> 十，頁 11／p.103 上】

按：此楊疏依范注而駁舊解。然鍾文烝《穀梁補注》云：「范本公羊何休說，非也。傳云『略之』者，與城緣陵同義，彼傳曰：『散辭』亦是略之。此曰：『略之』亦是散辭，文異而意互相備，一見桓德之衰，一著晉霸之衰。呂大圭謂此與十五年十七年，皆略而不序者，莫有主是盟之辭。齊履謙亦以爲散盟散會之辭，其說是也。」〔註23〕

又如文十八年經文：「莒弒其大夫庶其。」范注：「傳例曰：稱國以弒其君。君惡甚矣。」楊疏云：

> 舊解：稱國者，謂惡於國人并虐及親大夫，稱人者謂失心於民庶也。
> 此乃涉賈逵之說，據十六年范注，則似不然。【卷十一，頁 13／p.113
> 上】

按：楊疏依文十六年之范注而駁舊解之說。然此舊解是依左氏學家賈逵也。

二、評諸家舊注之說

「評前人舊解之說」有稱其是者，有責其解者，以下引而論之。

前者如襄二十五經文：「齊崔杼帥師弒其君光。」傳曰：「莊公失言，淫

〔註23〕見該書頁 354。

于崔氏。」疏云：

> 失言謂放言，語將淫崔氏，邵解云：謂言語失漏有過於崔氏，范兩
> 載之者，貴異說耳。【卷十六，頁7／p.159上】

按：楊氏此稱范注「貴異說」也。

後者有評三傳注：如桓公十七年經秋：「秋癸巳，葬蔡桓侯。」范注：「徐
邈曰：『葬者，臣子之事，故書葬者皆以公配謚，此稱侯，蓋蔡臣子失禮，故
即其所稱以示過。」疏云：

> 何休云：蔡季賢而桓侯不能用，故抑之。杜預云：疑謬誤。范以爲
> 臣子失禮稱侯，既就其所稱以示過，三傳無文，各以意說。【卷四，
> 頁12／p.41下】

今按：楊疏言「三傳無文，各以意說」以評三傳注之非也。

又有評舊解舊說，如宣三年經文：「春王正月，郊牛之口傷。」傳曰：「之
口，緩辭也。傷自牛作也。」疏云：

> 解范氏別例云：凡三十五，范既摠爲例，則言之者，並是緩辭也。
> 傳於執衛侯云「言之，緩辭也」則云其餘不發，亦緩可知耳。公喪
> 在外，逆之緩也。衛侯之弟鱄、秦伯之弟鍼等稱之者，取其緩之得
> 逃：吳敗大國亡（云）之者，取其大國同役而不急於軍事也；殺奚
> 齊稱之者，緩於成君也。考仲子宮言之者，隱遜而脩之緩也。日食
> 言之者，不知之緩也，則自餘並緩耳，理雖迂延（何校本作「迂誕」），
> 舊說既不可致語，故今亦從之。【卷十二，頁5／p.117上】

按：楊疏此評舊解雖「迂誕」，但亦從之。

又如文五年經：「王使榮叔歸含且賵。」傳曰：「含已晚。」疏云：

> 舊解以爲傳與雜記違者。傳言含賵，上關天子之於諸侯及夫人耳。《雜
> 記》所云：唯論諸侯自相施，不是天子施於諸侯，故彼殯，猶致含，
> 此則責其晚也。……今天子歸賵太早。歸含太晚，故譏之。其諸侯……
> 以殯以來道者容其不至，故示其禮而已，不責其晚也。事既有殊，
> 譏亦有異。……何得云天子與諸侯禮異，是舊說妄耳。【卷十，頁7
> ／p.101】

按：此楊疏評舊說妄耳。並辨其言傳與雜記違。鍾文烝《穀梁補注》云：「疏
說頗得范意。」〔註24〕

〔註24〕見頁346。

第六章　楊氏疏之疏失

　　陳澧云：「知三傳之病，而後可以治春秋。知杜、何、范注、孔、徐、楊疏之病，而後可以治三傳。」〔註1〕故知范注、楊疏之失，可窺穀梁之學，進而探春秋之義。學者評楊疏之失，如簡師博賢《今存唐代經學遺籍考》評云：「略於禮制，聲音訓詁之失，未能旁通，引據失所。」〔註2〕又柳興恩云：「楊士勛於典章制度、訓詁、聲音之學缺略者多。」〔註3〕今綜考其失，可得而言焉，有第一節「撰述體制之疏失」，楊疏獨力竟成穀梁傳注疏，然因乏憑藉，故有范注未明而無疏，或范誤而未考者，可謂「作疏簡略欠備」，故《提要》評之云：「其書不及穎達之賅洽」；且全帙疏文中，前半文清義約，而末幾卷屢見問答之體，如十八、十九卷多有「……解？」及「……何？解」之疏文，與前作疏之慣例不同，故謂「作疏體例不一」；楊氏雖疏范注，然其對穀梁經傳亦有所闡明，而闡釋亦有謬者，即第二節「闡釋經傳義之疏失」是也；又楊疏有闡釋義例之疏失、拘傳例及日月例之失、釋重發傳例者之失等，即第三節「闡釋義例之疏失」是也；前人有云「訓詁明則經義明矣」，然楊疏中有不明聲韻、不明古今通用字、不明字訓、不究經傳文及直引諸家舊注為訓之失，可見楊疏有聲音訓詁及墨守前人舊注之病也，故第四節作「訓詁之疏失」是也；又楊疏引據時未察及未能旁通，而有徵引之疏失，范失而據其失，或有駁范注、駁左公傳注及駁諸家舊注之失，然其駁亦誤矣。而融通他說，亦有未可調整而加以調停之弊。故第五節作「考據之疏失」是也。

〔註1〕陳澧《東塾讀書記》頁348，（民國59年12月初，廣文書局）。
〔註2〕簡博賢《今存唐代經學遺籍考》頁120下。
〔註3〕柳興恩《穀梁大義述》頁130，（穀梁學二種，鼎文書局）。

第一節 撰述體制之疏失

一、作疏簡略欠備

夫疏，所以釋注以明經傳也。然楊疏中多有范注未明而無疏，或范誤而未考者，可言楊疏爲簡略欠備。有名氏之簡略者，如隱元年：「天王使宰咺來歸惠公仲子之賵。」范注：「宰，官；咺，名。【卷一，頁 5／p.11 上】」楊氏於此無疏。幸有鍾文烝《穀梁補注》作詳實說明，〔註4〕吾人乃得悉宰官之職。又如宣十年經：「齊崔氏出奔衛。」，傳曰：「氏者，舉族而出之辭也。」范注：「崔杼以世卿專權，齊人惡其族。今出奔，既不欲其身反，又不欲國立其宗後，故孔子順而書之曰：『崔氏出奔衛。』若其舉族盡去之爾。【卷十二，頁11／p.120 上】」此范氏釋「崔氏」爲崔杼誤也，楊疏卻未指出，幸王熙元《范注穀梁發微》、〔註5〕傅隸樸《春秋三傳比義》〔註6〕并皆有考，始得其詳。

又釋地名者亦是。彭夢日云：「穀梁惟經所書地，范甯以杜釋已爲賅備，略挈其要，不復觀縷。然亦時有違異，楊士勛疏俱未申明。」〔註7〕可見諸卷有地名之處，楊氏皆無疏。

二、作疏體例不一

楊氏疏中有體例不一者，考今二十卷本中之十八，十九兩卷，屢見問答之體，此頗異於其他諸卷，〔註8〕其疏多「⋯⋯何？解⋯⋯」以此釋注經傳，與作疏之慣例不同。又柳興恩謂「楊疏之後，頗不及前半之清晰。」前釋注經傳尚平易近理，未多有不成文義或藉議論而作疏者。如定四年「蔡侯以吳子及楚人戰于柏舉，楚師敗績。」傳曰：「君不以匹夫興師。」疏云：

〔註4〕 詳見鍾氏《穀梁補注》頁 10。引孔廣森、孔穎達、何休之說以釋天子之宰官、其職爲凡邦之弔事，掌其戒令與其幣器財用及于經之稱呼——上士以名氏通、中士以官錄，下士略稱人。（民國 57 年 12 月台一版，商務印書館，國學基本叢書四百種）。

〔註5〕 該書頁 167。

〔註6〕 見該書頁 581。傅隸樸《春秋三傳比義‧下》（民國 72 年 5 月出版，商務印書館）。

〔註7〕 見《續修四庫全書總目提要，經‧春秋類》頁 735，「《穀梁范注闕地釋》二卷、清彭夢日撰」。

〔註8〕 張寶三先生〈楊士勛及其穀梁傳統相關舊說考辨〉以爲是舊疏之遺跡（第二屆唐代文化研討會民國 83 年 10 月），筆者以爲：其說是也。

其如殷紂之罪，被所不盡，斬以所不書，故武王致天之罪，稱斲朝
涉之脛，剖賢之心，亦不爲匹夫興師。吳子有（既）因諸侯之怒，
直申子胥之情，故言不爲匹夫興師，得其實論也。【卷十九，頁 8／
p.189 下】

按：齊召南《春秋穀梁傳注考証》云：「其如殷紂之罪，被所不盡云云，按此數
句不成文義，必有訛說，但各本皆然，無可考証。疏意當云：至於殷紂之罪，
毒遍四海，所誅斬不能盡書耳。」〔註9〕柳興恩亦云：「楊疏入後，頗不及前半
之清晰。此則其尤難解者也。」。〔註10〕故徐震云：「按：自昭十五年至定十五
年間疏，多爲舊疏原文，未經楊氏刪定者，故語多晦滯云云。柳興恩謂楊疏入
後，頗不及前半之清晰者，亦止昭十五年至定十五年、三十三年間耳。柳君固
未知此數年中多爲舊疏原文也。」又按：楊疏語意不明，齊氏爲之說解文意，
而柳氏言楊疏分歧之現象、鍾氏則言此現象爲舊疏之遺。〔註11〕由此諸端，見
楊疏之未能體例之一貫也。

第二節　闡釋經傳義之疏失

夫國之大事，莫善於繼統；繼統之道，勿盛嫡胄，繼無承重，直擇立其
次耳。如昭二十三年經文：「天王居於狄泉，尹氏立王子朝。」傳曰：「立者，
不宜立者也。朝之不名，何也？別嫌乎尹氏之朝也。」范注云：「隱四年衛人
立晉。傳曰：稱人以立，得眾也。此尹氏立朝，唯尹氏欲立之。據晉之名惡，
今朝亦惡之，怪不直名而言王子。若但言尹氏立朝，則嫌朝是尹氏之子，故
言王子以別之。」疏云：

今周室雖衰，鼎命在上，四方諸侯，知一人之貴，繼成、康之道，
滅典法之文，存祭統，號大名，不可虛置，巍巍聖賢，寧得空假？
鄙以區區之小，而以外孫爲嗣，書其滅亡，以爲將來之戒。況天下
重任，豈得異姓？尹氏不擇天道，不達人事，不自立其子，當有同
心之授之義（達），御假一朝之勢，以集四海之士，此理灼然。……
衰亂之世，何所不爲？鄙立異姓，周亦致疑；疑而復別，別嫌立朝

〔註 9〕見《皇清經解》卷三百一十五，頁 23，總頁 3382，齊侍郎《穀梁傳注疏考證》。
〔註10〕柳興恩《穀梁大義述》頁 117，（穀梁學二種，鼎文書局）。
〔註11〕徐震《穀梁箋記》，武漢文哲季刊。

者，此其旨矣。【卷十八，頁 8／p.179 下】

按：鍾文烝《穀梁補注》云：「注疏皆非也。傳意以爲衛人者眾辭，故晉直名無
所嫌，今以尹氏爲文，若言尹氏立朝，則嫌以朝繫尹氏，故加言王子以別之，
別嫌乎尹氏之朝，猶曰不可以尹氏摯朝也。北燕伯辟摯文而不名，此書名猶不
爲摯者立，自宜以名錄，不直名則非摯。」〔註12〕柯劭忞《春秋穀梁傳注》
云：「案：摯者，獨摯其名，曰王子朝，非摯也。不摯則不爲嫌，而曰別嫌者，
尹氏立朝，朝之嫌由尹氏，故曰別嫌也。舊說固非，鍾說亦未合。」〔註13〕范
雍云：「建儲非以私親，所以定名分。」范言欲辭嫌朝是尹氏之子固非，楊疏以
爲尹氏欲假朝掌權勢，故經言尹氏立，是欲明尹氏之野心亦非經意。萬世之統
主器莫若長子，此書王子朝，明其非世子也。楊疏於此經義尚不能握得驪珠矣。

又如僖四年經文：「楚屈完來盟于師，盟于召陵。」傳曰：「楚無大夫。」
范注：「不命卿也。」楊疏云：

> 無大夫，凡有三等之例，曹無大夫者，本非微國，後削小耳；莒則
> 是東夷，本微國也；楚則蠻夷大國，僭號稱王，其卿不命於天子，
> 故不同中國之例也。【卷七，頁 10／p.73 下】

按：此楊疏言曹、莒、楚三國無大夫之由。然鍾文烝《穀梁補注》言其失也，
其云：「文烝按：曹、莒等無命大夫者，其君本有命卿，而當時不以爲卿也，
楚無命大夫者，其君亦本有命卿，而春秋黜之也，其例實有二等，皆不須以
不命天子爲說，無大夫、無師皆同意。」〔註14〕

第三節　闡發義例之疏失

春秋以辭見義，書某辭即見某義，此所謂例也。楊疏於穀梁義例，雖多
所闡明，然亦不免於拘牽太過之失。其如：

一、闡釋義例之失

（一）歸納傳例之失

〔註12〕鍾文烝《穀梁補注》頁 626，（民國 57 年 12 月台一版，商務印書館，國學基
　　　　本叢書四百種）。

〔註13〕見柯劭忞《春秋穀梁傳注》頁 426（大通書局，經學粹編十三）。

〔註14〕見該書頁 239。

　　楊疏有引范例歸納傳例而爲疏者，其因於范誤者有之。如：（五）放例：宣公元年夏：「夏放其大夫胥甲父于衛。」傳曰：「放，猶屏也。稱國以放，放無罪也。」疏云：

> 范別例云：「放大夫凡有三：晉放胥甲父一；昭八年楚放公子昭二；哀二年蔡人於公孫獵三也。」此云：「稱國以放，放無罪也。」則稱蔡人者，是放有罪也。若然招殺世子偃師則招亦有罪，不稱楚人者，以上有楚師滅陳之文，故不復出楚人，又招有罪自明，故不待更稱楚人也。【卷十二，頁2／p.115下】

按：此楊疏引范氏別例釋「放例」，又按「蔡人於公孫獵」，非哀二年文，楊疏誤，應爲哀三年文。檢之史實，文十二年，秦晉河曲之戰，胥甲父因阻師出，致使秦軍夜遁，故胥甲父有罪矣，於例不符也；又楚放陳公子昭，此言有罪自明，乃指其殺陳世子偃爲有罪也，楊疏此言因省文而不稱楚人，若如是則合例也；又公孫獵之事，三傳無載，杜預以爲「獵爲公子駟之黨」，而公子駟文見哀二年文，其罪「懷土而欺大國」，故其於例，爲放有罪是也。綜上所述，范氏例舖陳傳例，楊疏未考，拘「稱國以放，放無罪」釋之，失之可知矣。

　　又如哀元年經文：「鼷鼠食郊牛。改卜牛。夏四月辛巳，郊。」疏云：

> 凡書郊皆譏。范例云：書郊有九：僖三十一年夏四月，四卜郊不從，乃免牲，猶三望也；宣三年郊牛之口傷，改卜郊，牛死，乃不郊，猶三望一也；成七年鼷鼠食郊牛角三也；襄七年夏四月三卜，郊不從，乃免牲四也；襄十一年夏四月、四卜郊不從，乃不郊者，五也；定公、哀公並有牲變，不言所食處，不敬莫大，二罪不異，並爲一物六也；定十五年五月郊，七也；成十七年九月用郊，八也；及此年四月辛巳郊九也。【卷二十，頁1／p.198上】

按：鍾文烝《穀梁補注》云：「案疏引范例云……九，其所數九事，則遺去成十五年五卜不數，又以定十五年及此年之食牛合爲一事。云定公哀公並有牲變……並爲一物，又分出上年、今年之辛亥郊、辛巳郊各爲一事，兩年爲三事，舛誤實甚，後人據此疏，遂疑此年穀梁之經亦無角矣。孫志祖曰：『范誤據左、公羊也。』」〔註15〕此楊疏據范氏歸納傳例，又不辨其中之失而誤者也。

　　又昭八年經：「蒐于紅。」疏云：

────────────

〔註15〕 鍾文烝《穀梁補注》頁687，（民國57年12月臺一版，臺灣商務印書館，國學基本叢書四百種）。

范氏例云：蒐狩書時，其例有九：書狩有四，言蒐有五。稱狩有四者，桓四年狩于郎，一也；莊四年狩于郜，二也；僖二十八年狩于河陽，三也；哀十四年西狩獲麟，四也。【卷十七，頁 7／p.168 上】

按：此楊疏引范例作傳例之歸納，然此范誤，楊氏并未指明，蓋因范失而誤也。鍾文烝《穀梁補注》云：「文烝按：楊疏原文并王狩河陽亦入狩例，誤同左氏、公羊說，非也。」〔註16〕范例僖二十八年，因孔子諱召君，故以狩言之，吾人不可視為四時之田，而楊疏因於范例，其誤明矣。

（二）申釋傳例之失

如昭十七年經云：「楚人及吳戰于長岸。」傳曰：「兩夷狄曰敗。」疏云：

戰言及，所以別主客，不施宜，不言及，或在下。案：宋襄伐齊云：及在上，所以惡宋襄；宣十二年邲之戰，楚言及在下，所以不惡楚者，據無罪言之直，用兵得理，則客直。今楚稱「及」而在上與邲戰之義反，嫌惡楚而善矣，吳以柏舉有辭，序上稱及以罪楚，今兩夷言戰，有違常例，二國曲直，得失未分，故須起例以明之。【卷十八，頁 2／p.176 下】

按：柏舉之文，見定公四年。鍾文烝《穀梁補注》云：「疏失傳旨。《左傳》是役楚敗吳，獲餘皇，而吳旋敗楚取餘皇，終是吳敗楚，師于長岸，是兩夷狄相敗之常文也。今欲進楚子，故變文言戰，以其序上言及則為進，明外吳甚於外楚也。春秋外戰言及者，皆是以主及客，而其例亦有變通……外楚而尤外吳，必以楚及吳，雖以客及主，亦無不可，此義蓋因由內及外之例而起，春秋之權衡也。長岸本是楚主吳客，而楚之序上稱及，不以主客戰，故既變敗言戰，則無以吳及楚之理，乃得申其進楚之理。若以柏舉相例，則大不然；兩夷相戰，事在時例，故略不具文也。疏以曲直得失為言，所舉皆公羊義例，何以通乎？」〔註17〕鍾氏駁楊疏申釋傳例之非，是楊氏申釋傳例之疏失也。

二、拘傳例之失

（一）拘日月例之失

〔註16〕同上註，頁 587。

〔註17〕鍾文烝《穀梁補注》頁 609，（民國 57 年 12 月台一版，商務印書館，國學基本叢書四百種）。

楊氏對日月例之態度是持肯定之**觀點**，可見於疏文中。其云：

> 《左氏》惟大夫卒及日食，以日月爲餘，自餘皆否，此傳凡是書經皆有日月之例者，以日月相承其事，可悉史官記事，必當具文，豈有大聖脩撰而或詳或略，故知無日者，仲尼略之見褒貶耳。【卷一，頁3／p.10上】

按：日月例，其說之不可信，已漸爲人所道，然楊氏對日月例採「可信」之態度，由其疏文之釋隨處可見，此爲其拘日月例之失也。

如隱元年經文：「公子益師卒。」傳曰：「大夫日卒，正也；不日卒，惡也。」楊疏云：

> 益師之惡，經傳無文，蓋春秋之前有其事也。麋信云：「益師不能防微杜漸，使桓弒隱，若益師能以正道輔隱，則君無推國之意，桓無篡弒之情。」所言亦無案據也。【卷一，頁7／p.12上】

按：益師之惡，楊疏用「蓋」字，以示疑；并依理直駁麋信之注，其實此爲拘日月之例也。陳澧《東塾讀書記》亦駁云：「疏……引麋信云云，此尤謬甚，益師卒與桓弒隱，事隔十年而可歸罪於益師乎？《公羊》云：『何以不日，遠也。』此最通。桓十四年夏五，《穀梁》云：立乎定哀，以指隱桓，隱桓之日遠矣，夏五，傳疑也，既知遠則傳疑，則不當設『不日，惡之』之例矣。」〔註18〕

又如昭三年經文：「五月，葬滕成公。」疏云：

> 何休云：「月者，上葬襄公，諸侯莫肯加禮，獨滕子來會葬，故恩錄之。」穀梁以會葬爲故，必不得從何說，或當有故，但經傳不言耳【卷十七，頁2／p.165下】。

按：以何注公羊言之，書月爲褒；然穀梁以月葬有故，楊疏之立場亦無法肯定二者孰是孰非，只宗穀梁而言或當有故，但經傳不言耳。故其日月例之釋爲拘前人之說也。

又如文十四年經文：「齊公子商人弒其君舍。」傳曰：「舍之不日，何也？不以嫌代嫌也。」楊疏云：

> 傳例曰：凡弒君書日，以明正。不繫於君，若舍是庶，成君亦不合書日，而云：未成君者。春秋不正見者，雖庶亦得日，即齊侯小白、鄭伯突是也。今商人爲不欲以嫌代嫌，故不去公子，則舍不正之嫌，前已著見不正，已見例當書日，爲未成君，故不日卒。【卷十一，頁

〔註18〕見陳澧《東塾讀書記》卷十，頁22，總頁341，廣文書局。

9／p.111 上】

按：此楊疏亦拘日月例也。鍾文烝《穀梁補注》云：「疏說甚辯，實曲說也。一句之文，何云？前見乎正，宜日；實未成君，故不日。」

（二）拘傳例之失

如文元年經：「天王使叔服來會葬。」傳云：「其志，重天子之禮也。」疏云：

> 五年毛伯來會葬。會葬之禮於鄗上，舊解以為叔服在葬前至先鄉（即）魯國，然後赴葬所。毛伯以喪服發後始來，先之竟上然始至魯國，故傳釋有異辭也。或當此釋書之所由，故云重天子之禮也。彼解會葬之處，故云「於鄗上。」二者互言之，未必由先後至，理亦通也。
> 【卷十，頁 1／p.98 上】

按：楊疏據傳文之失。此欲融合舊解與己說，以為皆可。然陳澧云：「案此明是互言，舊解因傳異辭，遂造為先後，至千載以上之事，豈可以意造乎？說春秋者多妄造其事之病。此二事猶其小焉者也。」〔註19〕

又如宣十二年經：「衛人救陳。」疏云：

> 不言善者，衛宋同盟外楚，今反救陳，不足可善，故傳不釋。【卷十二，頁 14／p.121 下】

按：此穀梁無傳，楊氏依己意疏「不足可善，故傳不釋。」非也。蓋傳是省文耳。《穀梁補注》云：「此是傳略不具耳。經論其大義，不屑論之，衛人救陳、楚人救衛、楚公子師師救鄭，皆善也。」〔註20〕豈如楊疏所言不足可善乎？

又如宣十三年經：「晉殺晉大夫先縠。」疏云：

> 此雖無傳，於例，為殺無罪也。【卷十二，頁 14／p.121 下】

按：此范氏無注，楊疏依例——「稱國以殺，殺無罪」釋之。然此乃拘傳例「稱國以殺」而釋，而不究其史實。依左傳，先縠剛愎不仁，後好亂成性，末遭惡毒之刑，乃是罪有應得，如何為無罪？且毛奇齡論「稱國以殺大夫」例，云：「春秋專殺大夫者三十有二，其稱國以殺而不去其官，如云某國殺其

〔註19〕陳澧《東塾讀書記》「傳拘經文，而解傳者，又拘泥傳文。」條，頁 341。（民國 59 年 12 月初版，廣文書局）

〔註20〕鍾文烝《穀梁補注》頁 423（民國 57 年 12 月台一版，商務印書館，國學基本叢書四百種）。

大夫某者二十有四，凡殺弒君之賊與忠良無故而被殺者，書總一例，舊以書國、書人、書名、書爵，妄生褒刺者，全屬冤獄。然而書例不殊，而義各有取，如此經連殺大夫，一是先縠，一是孔達，皆書國以殺而不去其官，本似一例，然各有義者。晉之先縠、楚之得臣，皆以喪師殺者也。晉殺其大夫先縠，與僖二十八年楚殺其大夫得臣同。衛之孔達、蔡之公子燮，一以違晉、一以違楚殺者也，衛殺其大夫孔達與襄二十年蔡殺其大夫公子燮同。」〔註21〕此議論是也。

又如定三年經：「春王三月，公如晉，至河乃得。」疏云：

> 昭公即位二年而脩朝禮無闕，而爲季氏所譖，使不得入。公無危懼之意，猶數數脩朝於晉。晉雖不受朝，公無危懼之理，定立，今三年始朝於晉，晉則其緩慢，不受其朝，公懼而反，非必季氏所譖，公有負於晉而心內畏懼，故危錄之。【卷十九，頁18／p.188下】

按：楊疏此意造書月危公之由，其說爲失也。鍾文烝《穀梁補注》云：「劉炫謂公以六月即位，此年便往，於事未爲緩，晉何以辭之？此後更無謝罪之處，明年會次依常序，「乃復」之書，不可縣知。劉說是也。但其事不可知，其意當以恥之爲義，從者有疾之例也……昭既無危文，何以危定乎？疏說紆蔓而鑿。」〔註22〕柳興恩《穀梁大義述》亦云：「不知春王正月，乃謹始必書之例，非爲「乃復」書正月。楊疏誤矣。」〔註23〕

三、釋重發傳例者之失

定十一年經：「宋公之弟辰，及仲佗、石彄、公子地，自陳入于蕭以叛。」傳曰：「宋公之弟辰，未失其弟也。」疏云：

> 辰以前年出奔，離骨肉之義；今歲入邑，有叛國之罪。失弟之道彰於經文，而曰未失何也？解：公不能制御彊臣以撫弟，而使二卿脅以外奔，故著「墍」以表強辭，稱弟以見罪，罪在仲、石亦可知矣。今而入國，兩子之情，非辰之意。書及而辨尊卑，言弟以顯無失，然則自陳之力，力由二卿，入蕭以叛，專歸仲、石，故重發例以明無罪。【卷十九，頁14／p.192下】

〔註21〕 傅隸樸撰《春秋三傳比義》，頁601，臺灣商務印書館。
〔註22〕 鍾文烝撰《穀梁補注》，頁652，（國學基本叢書四百種，臺灣商務印書館）。
〔註23〕 見柳興恩《穀梁大義述》頁227上（《穀梁學二種》，鼎文書局）。

按：成十年經：「衛侯之弟黑背帥師侵鄭。」疏引〈范答薄氏駁〉，言稱弟之例有四：「齊侯之弟年來聘，鄭伯使其弟禦來盟，爲接我稱弟；衛侯之弟，身爲罪兄稱事；陳侯之弟招，惡之稱弟；叔肸及衛侯之弟黑背爲賢稱弟，是有四也。【卷十四，頁3／p.138上】稱弟例不一，或賢或貴，其中援引黑背爲賢稱弟，鍾文烝《穀梁補注》駁云：「稱弟，見其親且貴，不論其有罪無罪，異於奔殺，疏引〈范答薄氏駁〉，及其自爲說，皆謂黑背以有賢行稱弟，非也。」〔註24〕然楊疏於此亦拘傳例「稱弟以賢」，而將責任全推至兩子（即仲佗、石彄）及罪在兄，鍾文烝《穀梁補注》云：「疏說非也。辰固未失弟道，而入邑以叛，安得無罪？辰及佗、彄、地，無優劣也，傳以辰未失弟道，嫌言入，言以言叛，與他處有異，故皆重發例以同之。劉敞引〈表記〉，事君可貴可賤，可富可貧、可生可殺而不可使爲亂，此得其旨。」〔註25〕疏文之非有二：一者宋公不能制御彊臣，使卿脅以外奔。然據《左氏》，辰勸宋公止公子地出奔，弗聽，意在孤立宋公，故言：「吾以國人出，君子誰處？」帥仲佗、石彄二卿以奔陳。「二卿脅以外奔」之說非也；二者言弟以顯無失，入蕭以叛，專歸仲石。此鍾文烝《穀梁補注》已駁之，茲不贅敍。故齊召南評云：「按辰之奔陳，猶可曰爲仲佗、石彄所脅迫也。此年入蕭以叛，經書及仲佗、石彄、公子地，豈非罪之魁乎？據地叛君而曰未失其弟，此何說也？」〔註26〕此皆由楊疏拘傳例而起。

第四節　訓詁之疏失

訓詁明則經義明，此古之治學者之體會，故今考之「楊疏之訓詁」，得以下數端之失：

一、不明聲韻

如宣八年經：「冬十月己丑，葬我君頃熊。」楊疏云：

案文十八年注云：「宣母敬嬴」。此云頃熊者，人有兩號故也。【卷十二，頁9／p.119上】

〔註24〕鍾文烝撰《穀梁補注》，頁469，（國學基本叢書四百種，臺灣商務印書館）。
〔註25〕鍾文烝撰《穀梁補注》，頁673，（國學基本叢書四百種，臺灣商務印書館）。
〔註26〕見《皇清經解》卷三百一十五，頁23，總頁3382，齊侍郎《穀梁傳注疏考證》。

按：此楊疏昧於聲韻之理所致。惠棟《九經古義・穀梁》云：「頃聲近敬，熊聲同贏。二傳由口授，故字異而音同，而云一人有兩號非也。」〔註27〕柳興恩云：「頃敬疊韻，熊贏雙聲。」〔註28〕鍾文烝《穀梁補注》云：「撰異曰：頃熊，左氏：「敬贏」。案：頃敬古通用，苑以南宮敬叔爲頃叔。」〔註29〕今案廣韻：「頃，去營切。」「敬，居慶切」「熊，羽弓切」「贏，以成切」；頃，溪母、清韻，敬，見母、敬韻，清、敬，古韻同屬青韻。熊，爲母、東韻；贏，喻母清韻。爲喻同屬影紐，深喉音。惠、柳二氏之說是也，楊氏不明聲韻，故致以一人而有兩號。茲以圖示其聲韻之關係。（此古聲韻依黃季剛先生所考）

穀梁傳注文	文十八年：敬贏	宣八年：頃熊
廣　　韻	敬，居慶切 贏，以成切	頃，去營切 熊，羽弓切
聲　　母	居，見紐 以，喻紐	去，溪紐 羽，爲紐
韻　　類	慶，敬韻 成，清韻	營，清韻 弓，東韻
贏、熊聲之關係	喻、爲古聲同屬影紐	
敬、頃韻之關係	敬、清古韻同屬青韻	

二、不明古今通用字

如莊二十二年經：「肆大眚」傳曰：「肆，失也。」疏云：

言肆大眚者，謂放失大罪惡。【卷六，頁 2／p.57 下】

按：此楊疏不明古今通用字也。故肆釋爲放失。今案惠棟《九經古義・穀梁》云：「失，古佚字，佚與逸同，請逸囚也。」〔註30〕即大赦之意，今楊疏「放失大罪惡，明小惡亦赦之也」如是經義差矣。

三、不明字訓

如桓十二年經：「丙戌，衛侯晉卒。」傳曰：「再稱日，決日義也。」范

〔註27〕惠棟撰《穀梁古義》（叢書集成初編，北京中華書局，西元 1985 年一版）。
〔註28〕柳興恩撰《穀梁大義述》，頁 121 上，（鼎文書局，收錄於《穀梁學二種》）。
〔註29〕鍾文烝撰《穀梁補注》，頁 408，（國學基本叢書四百種，臺灣商務印書館）。
〔註30〕惠棟撰《穀梁古義》（叢書集成初編，北京中華書局，西元 1985 年一版）。

注：「明二事皆當日也。」疏云：

　　　　決日者謂二事決宜書日，故經兩舉日文也，【卷四，頁 6／p.38 下】

按：此楊疏不明決為明之義，妄生決宜書日之釋。俞樾《群經平議》云：「樾謹按：決者，明也。《儀禮》、〈大射儀〉、〈鄉射禮〉、〈士喪禮〉注并曰：「決猶闓也。」，《廣雅、釋詁》曰：「闓，明也。」然則決亦為明矣。范氏正以明字釋決字，而楊疏乃謂決直書日，非其旨也。」〔註31〕

　　又莊二十八年經：「大無麥禾。」傳曰：「大者，有顧之辭也。」范無注，楊疏云：

　　　　顧猶待也。徐邈云：至冬無禾，於是顧錄無麥，其意亦謂待無禾，

　　　　然後顧待無麥，故云大也。【卷六，頁 13／p.63】

按：楊疏「顧猶待也」非是。俞樾《群經平議》云：「樾謹按：《說文》頁部：『顧還視也』、《詩・蓼莪》篇：『顧我復我。』鄭箋曰：『顧，旋視也。』旋視與還視同，有顧謂有所還也。蓋至冬無禾，乃還顧秋之無麥而并錄之。徐邈所說正得其旨。楊氏謂顧猶待也。則失之矣。方無麥之時，豈逆知其并將無禾而待之乎？訓顧為待，義不可適。傳曰：於無禾及無麥也，是可佑顧之為還視矣。」〔註32〕楊氏之失，在未考字訓也。

四、不究經傳文

　　如桓十四年經：「乙亥嘗。」傳曰：「何用見其未易之餘而嘗也。曰：甸粟而內之三宮……夫嘗必有兼甸之事焉。」范注：「夫以親舂是兼甸之事。」疏云：

　　　　傳曰兼甸之事焉者，納粟者甸師，而夫人親舂是兼之也。【卷四，頁

　　　　9／p.40 上】

按：此乃由經文之誤，以致之骨牌效應，訓詁失則經義不明，范既失之楊疏亦誤。王引之《經義述聞》云：「今本正文及注內旨字皆作甸，乃涉上文甸字而誤。」故楊疏「不得其解而為之辭，釋文及唐石經并作旬，釋文曰：旬如字，十日為旬，一本作旬，今據以訂正。」〔註33〕

〔註31〕見俞樾《群經平議》卷二十四「春秋穀梁傳」，頁1533，（民國64年5月，台景印初版，河洛圖書公司，夏學叢書）。

〔註32〕同上，頁1543。

〔註33〕見王引之《經義述聞》頁984（臺灣商務印書館）。

又如宣十五年傳文：「中國謹日，卑國月，夷狄不日。其日（日）潞子嬰兒賢也。」楊疏云：

> 夷狄不日，宜從下爲文，勢嬰兒爲賢，書曰，復稱名者，其曰以表
> 其賢，書名以見滅國，所謂善惡兩舉也。【卷十二，頁 15／p.122 上】

按：此楊疏未考傳文之失，而以「日」爲「曰」解，其說非也。故鍾文烝《穀梁補注》云：「日者當爲日月之日，謂以賢故進書日也。」〔註34〕顧炎武《日知錄》云：「疏解甚迂。按：傳文日字誤，當作其日，潞子嬰兒也。」〔註35〕柳興恩亦辨日與曰之別，其云：「謹案：《說文解字》卷五，曰，詞也。從口乙聲。……日，實也。太陽之精不虧，從口一象形。……篆文本不相混，至變作楷書，止以日字上畫不滿爲別，再以日字體寬匾，日字體長狹爲別，而板本最易混矣。」〔註36〕又按：所謂訓詁明則經義明，即是此意也。

五、直引諸家舊注爲釋之失

（一）訓詁之失

僖五年經：「諸侯盟于首戴。」傳曰：「王世子也，塊然受諸侯之尊己，而立乎其位，是不子也。」疏云：

> 徐邈云：塊然，安然也。【卷七，頁 13／p.75 上】

按：此楊疏引徐邈之注非也。王引之《經義述聞・春秋穀梁傳》云：「引之謹案：書傳無訓塊爲安貌者，徐說非也。今案塊然，獨尊之貌。《荀子・君道篇》：『塊然獨坐而天下從一如一體』；東方朔〈答客難〉：『塊然無徒，廓然無居』字亦作傀。《荀子・性惡篇》：『傀然獨立天地之間而不畏。』楊注曰：『傀與塊同獨居之貌也。』《楚辭》七諫：『塊兮鞠王。』注曰：『塊，獨處貌。』〈哀時命〉：『塊獨守此曲隅兮。』凡言塊皆獨貌也。」〔註37〕可證楊疏之非是。

又如成九年經：「春王正月，杞伯來逆叔姬之喪以歸。」傳曰：「傳曰：夫無逆出妻之喪而爲之也。」范無注，疏云：

> 夫無逆出妻之喪而爲之，言其不合爲而爲之也。徐邈云爲猶葬也。

〔註34〕見鍾文烝《穀梁補注》頁 425。

〔註35〕見顧炎武《原抄本日知錄》頁 127（文史哲出版社，民國 68 年 4 月出版）。

〔註36〕見柳興恩《穀梁大義述》頁 97 下。（《穀梁學二種》鼎文書局，民國 62 年 9 月初版）

〔註37〕王引之《經義述聞》卷二十五，頁 993（臺灣商務印書館）。

言夫無逆出妻之喪而葬理亦通矣。但范不訓爲爲葬也。【卷十四，頁
1／p.137上】

按：楊疏引徐邈注字未妥，俞樾《群經平議》云：「樾謹案；徐云爲猶葬也，
及目言其事耳。訓詁家自有此例，非訓爲爲葬也。爲當訓治，經傳中爲訓治
者不可勝舉。宣十一年傳：『不使夷狄爲中國也。』爲亦治也，說已見前。既
出之妻，義與夫絕，不當更治其喪，故曰『夫無逆出妻之喪而爲之也。爲之
即治之也。』」〔註38〕

（二）說解之失

如宣十一年經：「納公孫寧、儀行父于陳。」疏云：

糜信云「二子不繫陳者，以其淫亂，明絕之。或當上有「入陳」之
文，下云「于陳」故省文耳，無義例。【卷十二，頁14／p.121下】

按：楊疏引糜信說解非也。鍾文烝《穀梁補注》云：「糜信非也，疏是也。陸
淳聞於師曰：討徵舒，正也，故書曰『入』，許其行義也。入人之國，又納淫
亂之臣，邪也。故明書其爵，以示非正也，春秋之義，彰善癉惡、纖芥無遺，
指事原情，瑕瑜不掩，斯之謂也。」〔註39〕

又如襄八年經云：「鄭人入侵，獲蔡公子濕。」傳曰：「而獲公子，公子
病矣。」楊疏云：

《公羊》以爲侵而言獲者，適得其意，謂值其無備，故獲得之。此
云「公子病矣」謂侵是淺事，所以得公子者，由公子病弱矣。徐邈
云：公子病不任爲將帥，故獲之。【卷十五，頁7／p.150上】

按：楊疏蔡公子濕「病」爲病弱，并引徐注「公子病不任爲將帥，故獲之。」
而釋爲獲之由，鍾文烝《穀梁補注》云：「疏引徐邈云云大誤。」〔註40〕應以
公羊之說爲是。

又如僖三十二年經文：「晉侯重耳卒。」范注：「師資辨說，日用之常義。」
楊疏云：

師者，教人以不及，故謂師，爲師資。【卷九，頁16／p.95下】

按：徐震《穀梁箋記》云：「案：老子云：『善人者，不善人之師。不善人者，
善人之資。』是師資之語所從出，是師、資爲對立之名。以「師資」爲一，昧

〔註38〕見該書頁1561，河洛圖書公司。
〔註39〕鍾文烝撰《穀梁補注》，頁421，（國學基本叢書四百種，臺灣商務印書館）。
〔註40〕鍾文烝撰《穀梁補注》，頁511，（國學基本叢書四百種，臺灣商務印書館）。

於斯語之本意矣。」〔註41〕今按：善人者之語出自《老子》第二十七章，河上公曰：「資，用也。人行不善，聖人猶教導爲善，得以給用也。」楊失在於以「師資」爲訓，而不知「師」、「資」爲對訓之文。一作老師、一作借鏡解。

第五節　考據之疏失

一、徵引之疏失

（一）徵引本經傳文之失

如文公元年經：「秋，公孫敖會于戚。」疏云：

> ……至於三年垂斂之會，則是凡常諸侯禮……【十，頁 2／p.98 下】

按：垂斂之會於文二年，非三年。此亦可補阮元校勘之缺。諸如此類注疏誤字，除齊召南《穀梁注疏考證》及阮元《校勘記》，其漏列可詳見梁煌儀《春秋穀梁傳校正》，另徐震〈穀梁箋記〉亦有考。

如宣十五年夏經云：「六月，癸卯，晉師滅赤狄潞氏，以潞子嬰兒歸。」傳曰：「滅國有三術，中國謹日、卑國月、夷狄不日，其日，潞子嬰兒賢也。」疏云：

> 中國日者，謂衛滅許（邢）之類是也；卑國月者，謂無駭入極，齊侯滅萊之類是也。楚滅江、吳滅州來之類是也……【卷十二，頁 15／p.122 上】

按：此乃楊疏舉例以明傳例，然其「齊侯滅萊」誤矣。鍾文烝《穀梁補注》云：「疏論滅萊，非也。萊本夷狄，非正例。滅州萊，當改爲滅巢。〔註42〕

又如哀四年經：「春王二月庚戌，盜殺蔡侯申。」傳曰：「春秋有三盜，微殺大夫謂之盜、非所取而取之謂之盜，辟中國之正道以襲利謂之盜。」疏云：

> 辟中國之正道而行同夷狄，下以禮義爲主，而徼幸以求名利，若齊豹之類，故抑而書盜者也。【卷二十，頁 7／p.201 上】

按：楊疏此舉齊豹明「辟中國之正道以襲利之盜」爲誤也。鍾文烝《穀梁補注》云：「齊豹亦是微殺大夫，則疏非是。」〔註43〕

〔註41〕見〈武漢文哲季刊〉第七卷，第一號，頁 37。
〔註42〕鍾文烝撰《穀梁補注》，頁 425（國學基本叢書四百種，臺灣商務印書館）。
〔註43〕鍾文烝撰《穀梁補注》，頁 698，（國學基本叢書四百種，臺灣商務印書館）。

（三）指明范注徵引之失

如桓二年夏四月經文：「取郜大鼎于宋。戊申，納于廟。」范注：「傳例曰：納者內不爲（受）也。」楊疏云：

> 宣十一年傳文也。【卷三，頁6／p.30上】

按：鍾文烝《穀梁補注》：「例在僖二十五年。」今考宣十一年傳文：「入者，內弗受也。」僖二十五年傳文：「納者，內弗受也。」，足見楊疏之誤也。

又如隱八年經：「庚寅，我入邴。」范注：「周有千八國，諸侯盡京師之地，不足以容，不合事理。」疏云：

> 見《孝經說》文。【卷二，頁8／p.23下】

按：楊疏明范注文之所出，誤也。惠棟《九經古義・穀梁傳》云：「棟案：范注諸侯有大功盛德於王室，已下皆采許叔重《五經異義》之文，疏言見《孝經說》，非也。」〔註44〕柳興恩亦云：「述曰：異義此條見禮記十三王制正義。」〔註45〕

又哀四年經：「六月辛丑，亳社災。」范注：「殷都于亳。」疏云：

> 書序云「湯始居亳，從先王居」……又「盤庚播五遷，特治亳殷」
> 是都亳之事【卷二十，頁7／p.201上】

按：書序無此文，末爲（盤庚）上之序文。范注失之，而楊疏徵引之，其失明矣。

又如哀二年經：「晉趙鞅帥師納衛世子蒯聵於戚。」范注：「此矛楯之喻也。」疏云：

> 《莊子》：楚人有賣矛及楯者……【卷二十，頁4／p.200上】

按：矛楯之喻非出自《莊子》，楊疏誤。今謹案：其爲《韓非子》文也。徐震《穀梁箋記》云：「案：矛楯之喻，見《韓非子・難一》，又見〈難勢〉唯難一言楚人，難勢不言楚人耳。疏引《莊子》，莊子無此文也。」〔註46〕

二、范失而據其失

楊氏宗范而疏，固有范失而據其失者。如：

（一）解經傳文之失

1、隱公元年經：「冬十有二月，祭伯來。」傳曰：「……有至尊者不貳之

〔註44〕惠棟撰《穀梁古義》（叢書集成初編，北京中華書局，西元1985年一版）。
〔註45〕見柳興恩《穀梁大義述》頁119，（《穀梁學二種》，鼎文書局）。
〔註46〕見〈武漢文哲季刊〉第七卷第一號，頁37。

也。」范注：「臣當稟命於君，無朝聘之道。」疏云：

> 不貳之者，言臣當一稟命無自專也。【卷一，頁 7／p.12 上】

按：楊疏「一稟命無自尊」乃承范注「無私朝聘」而誤。王引之《經義述聞》云：「引之謹案：范注、楊疏皆未得傳意。貳非專之謂也。貳，敵也哀七年五傳注、並也玉篇，天子聘遺諸侯，天子之臣亦聘遺諸侯，則是與天子相敵，耦相比並，故謂之貳，人臣不敢並於至尊，故無外交，故曰有至尊者不貳之也。……孔氏正義又誤解為二心，蓋古訓之湮久矣。」〔註47〕柳興恩云：「述曰：王以敵也，並也，解貳字是也。其云：天子之臣不敢與天子相敵耦相比並，非也。祭伯既朝於魯，且不敢與魯君相敵，何至與天子相敵乎？夫王臣外交則以鄰國並主君而有二君矣。所謂貳者，自指鄰國之君，非指臣之心言（關孔疏說），亦非指臣之身言也（關王之說）」〔註48〕王氏之訓貳，可謂訓詁明則經義明之碻語。而楊氏之宗范，其失明矣。「十三年春，會于北杏，諸侯俱疑，齊桓非受命之伯，欲共以事推之可乎？今于此年諸侯同共推桓而魯與齊讎，外內同一，疑公可事齊，不會不書公，以著疑焉。同官為寮，謂諸侯也。」疏云：

> 舊解謂會北杏，不言諸侯是外疑也。今此會不言公，是內疑之也。
> 自此以後，外內不復疑之，故曰一疑也。直據傳文，事欲似然，推
> 尋范注必不得爾。此公實與之，而經不言公者，外內寮一疑之。……
> 言外內諸侯同一疑公。【卷五，頁 20／p.53 下】

按：此楊疏駁舊解以申范注，然范失、楊亦誤矣。俞樾《群經平議・春秋穀梁傳》云：「樾謹案：此傳當從舊解之說……舊解之說正得之矣。楊氏乃曲徇范注，謂外內諸侯同一疑。」〔註49〕

又如莊三十二年經：「公子慶父如齊。」傳曰：「諱莫如深，深則隱。」范注：「深謂君弒賊奔，隱痛之至也。」疏云：

> 諱莫如深，謂為國隱諱，莫如事之最深。深者隱深，謂君弒賊奔之
> 深重，以其深重則為之隱諱，若經書子般日卒，慶父如齊是也。【卷
> 六，頁 18／p.65 下】

按：楊疏承范注說解之非而踏矣。俞樾《群經平議・春秋穀梁傳》：「樾謹按：此謂避諱之道，莫如深沒其文，深沒其文然後其罪隱矣。如子般卒書日，若

〔註47〕王引之《經義述聞》卷二十五，頁 1005，「上雖失之，下孰敢有之」條。
〔註48〕見柳興恩《穀梁大義述》頁 123，（《穀梁學二種》，鼎文書局）。
〔註49〕見該書頁 1539。河洛圖書公司。

以正終者；公子慶父如齊，若以使事往者，此皆諱之深而隱者也……傳文本明，范氏所解未得其指，楊疏從而衍之，直更糾繚矣。」〔註50〕

2、如成五年經：「梁山崩。」范注：「梁山，晉之望也。」疏云：

> 詩云「奕奕梁山」是韓國之鎮，霍陽，韓、魏、晉之地，故云「晉之望也。」【卷十三，頁 8／p.131 下】

按：此楊疏承范失而誤也。王引之《經義述聞》云：「引之謹案：此梁山，非詩之梁山也。詩之梁山在涿郡良鄉縣北，乃㶟水所經（見《水經·㶟水注》），去河甚遠，不得云『梁山崩，壅遏河三日不流』，其韓城在涿郡方城縣（《水經·聖水》注引王肅注）與燕甚近，故詩曰『溥波韓城，燕師所完』非在晉地之韓也。此梁山則在馮翊夏陽縣西北，臨於河上（見《爾雅》郭注），故『梁山崩，壅遏三日不流』。夏陽，春秋之梁國（見桓十年左傳杜注），亦非韓也。（夏陽·今之韓城在河西，韓魏之韓在河東，非今韓城也。辨見顧氏《日知錄》）自康成箋詩，始誤，以奕奕梁山為夏陽之山，又誤以韓城為晉所滅之韓國（辨見《日知錄》）。而隋人遂改夏陽為韓城縣。楊氏不能糾正而承用之疏矣。」〔註51〕

又如成九年：「夏，季孫行父如宋致女。」范注：「致，勑戒之言於女。」疏云：

> 徐邈云：宋公不親迎，故伯姬未順為夫婦，故父母使卿致伯姬，使成夫婦之禮，以其責小禮違大節，故曰：「不與內稱」。謂不稱夫人而稱女，案：傳稱賢伯姬而徐云：責伯姬是背傳而解之，故范以為勑戒之言於女也。【卷十四，頁 1／p.137 上】

按：此楊氏駁徐以申范意，似是。然為范失而據其失也。故鍾文烝《穀梁補注》評云：「注甚謬，疏強為之說，不可通。內稱謂稱伯姬，不稱伯姬而稱女，是不與內稱，傳意言致故言女，非禮之為常，異其文耳，非譏魯，亦非貶伯姬也。」〔註52〕其說是也。

又如成十二年經：「周公出奔晉。」傳曰：「言其上下之道無以存也。上雖失之，下孰敢有之，今上下皆失之矣。」范注：「上雖有不君之失，下莫敢效不臣之過。今復云周公之出，則上下皆失矣。」疏云：

> 案僖二十四年傳云：「雖失天下，莫敢有也」謂王雖出鄭，不敢有之

〔註50〕見該書頁 1546。河洛圖書公司。
〔註51〕王引之《經義述聞》卷二十五，頁 1004，「梁山」條（臺灣商務印書館）。
〔註52〕見鍾文烝《穀梁補注》頁 463。

以爲國也。此云「上雖失之，下孰敢有之」謂上雖有不君之失，臣下

孰敢放效爲之，觀經立說，故二處不同也。【卷十四，頁 4／p.138 下】

按：此楊疏之意乃承范注也。王引之《經義述聞》云：「引之謹案：如范注則
是下孰敢效之，非孰敢有之。今案『上雖失之，下孰敢有之』即僖傳所云『雖
失天下，莫敢有也』言前此天王之出，雖失天下而諸侯莫敢有其國，周道未
大衰也，今周公出奔，則又失其爵位與采邑，是不獨上有失位之時而下亦然，
故曰：「今上下皆失之矣。」所謂上下之道，無以存也。存與亡相對，存則不
失其爵位，亡則失之矣，豈過失之謂乎？」〔註53〕

（二）駁范之失

如成八年經：「齊人來媵。」傳曰：「媵，淺事也不志，此其志何也？以
伯姬之不得其所，故盡其事也。」范注：「不得其所，謂災死也。江熙曰：『共
公之葬由伯姬，則共公是失德者也。』」疏云：

江熙以不得其所爲共公失德，文無所據，范引之者，傳異聞也。【卷
十三，頁 13／p.134 上】

今按：楊疏駁范注引江熙之注文無所據。鍾文烝《穀梁補注》云：「此當依范
說，江熙以爲伯姬配失德之君，即是不得所之事，於理亦通，而傳於此無是
意也，共公失德不葬，十五年傳文，其失德即不答伯姬，於彼傳論之，疏以
江爲無所據，非也。」〔註54〕

三、駁左公傳注之失

傳曰「大夫不言公子、公孫，疏之也。」疏云：

傳稱公子、叔仲賢也，遂非賢而稱仲者。杜預云：「時君所加」。何
休云：「稱仲者，起嬰齊所氏」，范雖不注，理未必然。蓋以遂見疏
而去公子，經不可單舉稱「遂卒」，遂於後以仲爲氏，故稱仲遂卒也。
【卷十二，頁 8／p.118 下】

按：此楊疏駁杜預、何休之注而爲說，然亦失矣。鍾文烝《穀梁補注》云：「文
烝案：大夫卒不可直名者，嫌是不命大夫，若無侅卒之等也。遂之身已以仲
爲氏。劉炫以爲受賜得之，疏言遂於後以仲爲氏，非也。」〔註55〕

〔註53〕 見《穀梁大義述》頁 139 上，(《穀梁學二種》，鼎文書局)。
〔註54〕 見鍾文烝撰《穀梁補注》，頁 462（國學基本叢書四百種，臺灣商務印書館）。
〔註55〕 見鍾文烝撰《穀梁補注》，頁 405，（國學基本叢書四百種，臺灣商務印書館）。

又如成元年：「臧孫許及晉侯盟于赤棘」。疏云：

> 何休云：「謀結鞌之戰不相負」，所以不日者，執在三年，非此所得
> 保也。【卷十三，頁2／p.128下】

今按：齊召南《春秋穀梁傳注疏考証》云：「按疏此條大誤。據何休公羊注本
云：『執在三年外尋舊盟後，非此盟所能保。』其言執，指十六年執季孫行父
也。其言尋盟指「三年冬，荀庚來聘及荀庚盟」也。何休於此不誤。疏乃以
隱元年盟昧，因七年伐邾而呈去日駁之，誤也。赤棘盟後晉、魯交歡，豈有
三年即執之事見於經傳。何休謂執在三年外尋舊盟後，而疏以爲三年即執，
不亦異乎？」〔註56〕柳興恩云：「疏之誤駁，咎不容辭，而其所由誤者，則以
何休之例不信者日，信者不日。穀梁之例盟信者日，盟渝者不日，說正相反
故也。」〔註57〕今按：楊疏駁何休之說，實因公羊、穀梁於日月例釋不同耳。

又如宣三年經：「郊牛之口傷。」傳曰：「改卜牛，牛死，乃不郊。事之
變也。」疏云：

> 《公羊傳》稱改卜者，「帝牲不吉，則引（扳）稷牲而卜之，（其）
> 帝牲於滌宮三月，於稷者唯具視其身體無災（害）而已，不特養於
> 滌宮。又云：郊必以祖配者，自內出者，無匹不行，自外至者，無
> 主不止。」今改卜者，取於稷牛，則未審傳意如何以后稷配郊，必
> 與公羊異也。【卷十二，頁5／p.117上】

按：此楊疏駁公羊說解之非，然楊疏之駁非也。鍾文烝《穀梁補注》云：「所
改卜之牛，即公羊、郊特牲所謂稷牲、稷牛也……養於滌宮，若再有牲變，
當止不郊……用稷牛而爲帝牛，其祭稷之牛，臨時別取用，此皆與公羊同，
知穀梁意不異。」

四、駁諸家舊注之失

如文十四年經文：「宋子哀來奔。」傳曰：「其日：子哀，失之也。」楊
疏云：

> 舊解失之者，謂其未達稱子之意。案：范注云：「言失，其氏族不知
> 何人？」則不得云：失其稱子之意。蓋失之者，謂雖知子哀是宋之
> 大夫，但不知是何族姓也。【卷十一，頁9／p.111上】

〔註56〕見《皇清經解》卷三百一十五，頁16，總頁3378，齊侍郎《穀梁傳注疏考證》。
〔註57〕見柳興恩《穀梁大義述》頁112下，（《穀梁學二種》，鼎文書局）。

按：此楊疏依范注「言失，其氏族不知何人？」而駁舊解未達稱子之意，并言范注合理之由。鍾文烝《穀梁補注》云：疏引舊解，以未達稱子意解失字，其意皆是，其辭皆非也。失之者，謂子哀不氏而稱子，師說失其傳也，傳云：「失之」，即公羊云：「無聞焉耳。」〔註58〕

又如文十三年傳文：「禮，宗廟之事，君親割。」楊疏云：

> 徐邈云：「《禮記》曰：『君執鸞刀而割牲』是也」。彼據初殺牲之時，非是割牲之事，徐言非也。【卷十一，頁 6／p.109 下】

按：此楊疏引徐邈之說而駁其意也。然柯劭忞《春秋穀梁傳注》云：「按：禮，饋熟時，君執鸞刀羞嚌。楊氏所謂割牲之事是也，至初殺牲之時，君牽牲，卿大夫序從卿大夫」鸞刀以割之，取膟（音綠）骨，則執鸞刀以割者，卿大夫之事，非君自殺牲也，楊駁義亦未允。〔註59〕

又如僖九年經文：「公會宰周公、齊侯、宋子云云于葵丘。」傳曰：「天子之宰通于四海。」范注：「宰，天官，冢宰，兼爲三公者，三公論道之官，無事於會盟。冢宰掌建邦之六典，以佐王治治邦國，故曰通于四海。」楊疏云：

> 傳言通於四海者，解其與會之事也。若直爲三公論道之官，則無事於會盟，以兼爲冢宰，通於四海，爲諸侯所尊，故得出會也。一解「通于四海」者，解其稱官之意，與注乖，非也。【卷八，頁 4／p.79 下】

按：此楊疏依范注而駁「一解」，然楊疏亦非矣。鍾文烝《穀梁補注》：「一解得之，於注亦不相悖，孔穎達解此傳謂宰官者，六官之長，官名通於海內，故書官名是也。」〔註60〕

五、融通他說之失

如文六年：「閏月，不告朔。猶朝于廟。」范注：「禮，天子以十二月朔，政班告于諸侯，諸侯受於禰廟：」疏云：

> 鄭玄云：天子班朔於諸侯，諸侯藏之祖廟，至朔日朝於廟，告而受行之。……鄭云「祖廟」、范言「禰廟」者，以無正文，各以意說，或祖或廟，通言之耳。【卷十，頁 9／p.102 上】

按：楊氏指出祖廟、禰廟皆可，即是融通二者之說。齊召南云：「按《周禮》

〔註58〕見鍾文烝撰《穀梁補注》，頁 378，（國學基本叢書四百種，臺灣商務印書館）。
〔註59〕見鍾文烝撰《穀梁補注》，頁 248，（國學基本叢書四百種，臺灣商務印書館）。
〔註60〕見鍾文烝撰《穀梁補注》，頁 256，（國學基本叢書四百種，臺灣商務印書館）。

太史頒告朔於邦國。鄭注:『諸侯藏之祖廟。』《禮記‧玉藻》:諸侯皮弁以聽朔於太廟。何休注公羊亦云:『祖廟。』范氏所以不從何鄭之說,而言『禰廟』者,以此傳十六年『四不視朔』有明文曰:『諸侯受乎禰廟也。』,此傳自言『禰廟』范不得違,非范之自出意見也,但禰廟實不可通。故禮記孔疏曰穀梁傳云『諸侯受乎禰廟與禮乖』,非也。」〔註61〕

又如宣五年秋經:「齊高固來逆子叔姬。」子叔姬爲孰?疏云:

> 取公之同母姊妹……徐邈云:傳言吾吾（應作子）是宣公女,理亦通耳。【卷十一,頁6/p.117下】

按:楊疏言子叔姬爲「同母姊妹」又如何引徐邈之注以爲可通,故鍾文烝《穀梁補注》云:「徐非也。」〔註62〕

又如昭八年傳曰:「馬侯蹄。」范注:「發足相應,遲疾相投。」疏云:

> 舊解四蹄皆發,後足躡前足相何侯,與范注亦合耳。【卷十七,頁7/p.168上】

按:楊疏此承范失,又引舊解融通,皆失也。齊召南《春秋穀梁傳注疏考証》,云:「按疏非也,單言一爲何慮後蹄不侯前蹄乎?此即〈軍攻〉所謂『我馬既同』,《毛傳》云:『田獵齊足尙疾也。』亦即〈車攻〉所謂「四黃既駕,兩驂不倚」;不倚,不失其馳者也。指四馬疾徐步驟如一,故曰侯歸。」〔註63〕柳興恩云:「述曰:田獵齊足,毛傳雖用爾雅,亦與穀梁師說相符也。」〔註64〕

〔註61〕 見柳興恩《穀梁大義述》頁110上,(《穀梁學二種》鼎文書局)。
〔註62〕 見鍾文烝撰《穀梁補注》,頁402,(國學基本叢書四百種,臺灣商務印書館)。
〔註63〕 見《皇清經解》卷三百一十五,頁20,總頁3381,齊侍郎《穀梁傳注疏考證》。
〔註64〕 見柳興恩《穀梁大義述》頁116上,(《穀梁學二種》,鼎文書局)。

第七章　結　論

　　以筆者對楊士勛《春秋穀梁傳注疏》之研究，以爲楊氏疏之得失者有各三端焉。其得者：一曰博采眾說。蓋以全帙之穀梁注疏者言之，其援引典籍者與稱引注家之說眾矣，計有十三經傳注、史、子及六朝爲楊氏疏所隱去名氏之舊注等，其中已亡佚者，如范氏《傳例》、《范答薄氏駁》等後爲清人所彙輯，實爲彌足珍貴之資料。二曰擇善而從。皮錫瑞以爲「著書之例，注不駁經，疏不駁注，不取異義，專宗一家。」楊氏疏雖宗本於范注，然對范氏集解仍有申釋、補備、匡正者，蓋以是非爲準，於眾說之中，擇善而從，不曲從妄斷者是也。三曰調融諸說。楊氏博采眾說，引委晉諸家之說甚詳，又旁及何、杜，或引其異義而存錄之，或辨駁其是非，此皆欲爲時人調融舊注、平息六朝歧義之說，刪短補長，略以折衷，使經義歸趨於一也。

　　而其失，綜歸第六章諸節有：一、不諳訓詁之理。由楊疏之不明聲韻、不明古今通用字、不明字訓、不究經傳文等疏失，可見楊氏不諳訓詁之理；二、墨守前人舊注之說。楊氏疏范注，無論訓詁或疏解，皆大量直引前人舊注爲釋，但未加以詳考，故有因舊注之誤而承其謬者，是以楊疏有墨守前人舊注之弊也。且其繼之爲疏，故離經義之眞愈遠矣；三、強古人之意以就己意。注解古書，本爲探求古書之原意眞象，故注疏者宜以客觀之態度，求眞之立場爲疏；然楊氏疏有據己意以駁、評左公傳注與其他舊注，及調融諸說者，如是楊氏據其主觀意見爲疏，故有強古人之意以就己意之失也。

　　總結而論，楊氏疏對於經學之貢獻，其可稱述者有二焉：一者楊疏保存唐以前之經說，開宋學之先路。楊疏因博采眾說，可謂有存古之功；又以是非爲準，擇善而從，并致力調融諸說，平息歧議，使經義歸趨於一，而讓後

代治經者，走出藩籬，導宋學疑經之先路，并開經學新義之助。故錢基博氏云：「春秋之學，至唐而疏通證明，集漢詁之大成；亦至唐而風氣獨開，導宋學之先路。」〔註1〕此言允之矣；次則楊氏疏爲宋修注疏之所本。《四庫全書・總目提要》嘗評之云：「其不及穎達之賅洽，然諸儒言左傳者多，言《公》、《穀》者少，既乏憑藉之資，又左傳成於眾手，此書出於一人，復鮮佐助之力，詳略殊觀，固其宜也。」，〔註2〕邢氏或亦以爲楊疏「詳略殊觀，固其宜也。」，故乃取楊氏疏爲宋修注疏之所本，吾人姑不論邢昺刊正之得失，〔註3〕其集經、傳、注、疏、釋音于一書，經歷代補修刻，今日《監本附音春秋穀梁傳注疏》，仍爲研究穀梁學者，必備之書。此爲楊氏疏對穀梁經學之貢獻二也。

〔註1〕錢基博《經學通志》頁197，（中華書局，民國51年12月台版）。

〔註2〕《春秋穀梁傳注疏》前附提要，頁1，（民國82年9月十二刷，台北：藝文印書館影印嘉慶二十年江西南昌府開雕《重刊宋本十三經注疏附校勘記》阮刊本。）

〔註3〕同上註，其云：「邢昺刊正之時，又多失其原第。」頁2。

附　錄

一、春秋穀梁注疏合刊本之版本流傳表

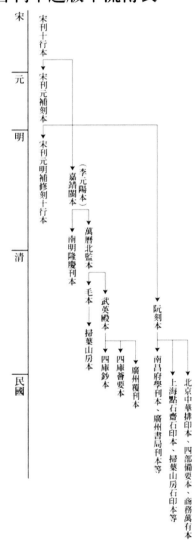

二、春秋穀梁注疏引書群書表

類別		條數	附　　　　　記
經	易	19	京房易傳 5 條、王弼注 10 條
	詩	22	詩序 3 條，毛詩傳 7 條，陸機疏 1 條
	書	22	孔注 9 條、鄭玄注 1 條
	周禮	20	鄭玄注 7 條
	儀禮	21	鄭玄注 2 條
	禮記	57	鄭玄注 5 條
	春秋左氏傳	58	杜注 28 條
	春秋公羊傳	131	何注 94 條
	孝經	2	序 1 條
	論語	10	包咸注 1 條
	孟子	3	
	（小學）爾雅	12	郭璞注 1 條
	字書	1	
	字詁	1	
	字林	2	
	說文	2	
	玉篇	1	
史	國語	4	序 2 條，周語 1 條，楚語 1 條
	史記	2	
	漢書	1	食貨志 1 條
	晉書	1	
	世本	1	
子	老子	3	
	莊子	2	
	管子	1	
	呂氏春秋	1	
	孔叢子	1	

類別		條數	附　　　　　記
其 他	五經異義	1	
	春秋緯	9	元包命、文耀鉤、感精符各 1 條、考異郵 6 條
	書緯	4	五行傳 4 條
	孝經緯	1	援神契 1 條
	白虎通	2	
	方言	1	劉泰篇 1 條
	三朝記	1	
	范氏傳例	49	
	薄氏駮	4	
	范答薄氏駮	10	
	六藝論	1	
	箴膏肓	2	
	釋廢疾	51	
	策廢疾	1	
	司馬法	1	

案：此統計依《春秋經傳注疏引書引得》（燕京大學圖書館引得編纂處）

三、各物衣飾圖

摘自《重校三禮圖》（景印四部善本叢刊第一輯，臺灣商務印書館）

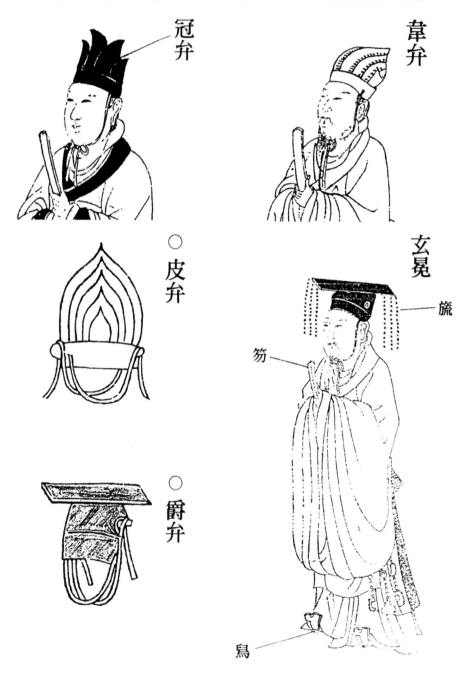

主要參考書目

一、經　部

（一）春秋類

1. 《春秋穀梁傳注疏》，唐·楊士勛撰，十三經注疏阮刻本，藝文印書館。
2. 《春秋穀梁傳注疏》，唐·楊士勛撰，四庫全書本，臺灣商務印書館。
3. 《春秋穀梁傳注疏》，唐·楊士勛撰，四部備要本，北京·中華書局。
4. 《穀梁單疏殘本》，唐·楊士勛撰，嘉業堂叢書，傅斯年圖書館。
5. 《春秋公羊傳注疏》，唐·徐彥撰，十三經注疏阮刻本，藝文印書館。
6. 《春秋左傳注疏》，唐·孔穎達撰，十三經注疏阮刻本，藝文印書館。
7. 《鍾伯敬評公羊、穀梁二傳》，明·鍾惺撰，无想山房藏本，中央研究院、史語所藏書。
8. 《春秋穀梁傳注疏考證》，清·齊召南撰，皇清經解本（卷三百一十五，所收錄齊侍郎《穀梁傳注疏考證》）。
9. 《春秋穀梁傳注疏校勘記》，清·阮元撰，附於注疏本。
10. 《穀梁補注》，清·鍾文烝撰，國學基本叢書四百種，臺灣商務印書館。
11. 《穀梁大義述》，清·柳興恩撰，（收錄於《穀梁學二種》）鼎文書局。
12. 《穀梁古義》，清·惠棟撰，叢書集成初編，北京中華書局，1985 年一版。
13. 《重訂穀梁春秋經傳古義疏》，清·廖平撰，渭南嚴氏刊本，國學集要二編，文海出版社。
14. 《釋范》，清·廖平撰，附於古義疏。
15. 《春秋古經說》，清·侯康撰，百部叢書集成影印，台北藝文印書館。
16. 《穀梁禮證》，清·侯康撰，同上。

17. 《春秋穀梁傳時日月書法釋例》，清‧許桂林撰，粵雅堂叢書。

18. 《穀梁申義》，清‧王闓運撰，王湘綺先生全集，傅斯年圖書館。

19. 《春秋穀梁傳注》，民‧柯劭忞撰，大通書局，經學粹編十三。

20. 《春秋穀梁傳今註今譯》，民‧薛安勤註譯，臺灣商務印書館。

21. 《春秋繁露今註今譯》，漢‧董仲舒撰，臺灣商務印書館。

22. 《穀梁眞僞考》，民‧賴炎元註譯，明文書局。

23. 《穀梁著述考徵》，民‧張西堂撰，廣文出版社。

24. 《春秋要領》，民‧王熙元撰，東大圖書公司。

25. 《春秋辨例》，民‧程發軔撰，國立編譯館。

26. 《春秋人譜》，民‧戴君仁撰，臺灣商務印書館。

27. 《春秋三傳比義》，民‧程發軔撰，臺灣商務印書館。

28. 《春秋三傳研究論集》，民‧傅隸樸撰，黎明文化事業公司。

29. 《春秋經傳注疏引書引得》，民‧戴君仁撰，燕京出版社。

（二）一般類

1. 《語譯廣解四書讀本》，宋‧朱熹集註，清‧蔣伯潛廣解，啓明書局。

2. 《儀禮鄭注句讀》，清‧張爾歧著，學海出版社。

3. 《周易經傳象義闡釋》，民‧朱師維煥著，臺灣學生書局。

4. 《毛詩鄭箋》，漢‧鄭玄箋，新興書局。

5. 《尚書讀本》，民‧吳璵註譯，三民書局。

6. 《大戴禮記今註今譯》，民‧高明註譯，臺灣商務印書館。

7. 《經典釋文彙校》，唐‧陸德明撰，黃焯校，北京中華書局。

8. 《授經圖》，明‧朱睦㮮撰，廣文書局。

9. 《經義考》，清‧朱彝尊撰，廣文書局。

10. 《經義述聞》，清‧王引之撰，臺灣商務印書館。

11. 《群經平議》，清‧俞樾撰，河洛圖書公司。

12. 《經學歷史》，清‧皮錫瑞撰，學海出版社。

13. 《經學通論》，清‧皮錫瑞撰，臺灣商務印書館。

14. 《十三經概論》，清‧蔣伯潛撰，中新出版社。

15. 《經學纂要》，清‧蔣伯潛撰，正中書局。

16. 《經學通志》，民‧錢基博撰，學海出版社。

17. 《中國經學史》，馬宗霍撰，臺灣商務印書館。

18. 《中國經學史之基礎》，民‧徐復觀撰，學生書局。

19. 《中國經學發展史論》，民・李威熊撰，文史哲出版社。

20. 《先秦經籍考》，日・本田成之著，劉俠庵譯，河洛圖書公司。

21. 《經學研究論集》，民・王靜芝等著，黎明文化事業公司。

22. 《書傭論學集》，民・屈萬里撰，聯經出版社。

（三）小學類

1. 《說文解字注》，漢・許慎著，清・段玉裁注，黎明文化事業公司。

2. 《新校正切宋本廣韻》，宋・陳彭年等重修，民・林尹校訂，黎明文化事業公司。

3. 《中國聲韻學通論》，林尹著、林炯陽注釋，黎明文化事業公司。

4. 《訓詁學大綱》，胡師楚生著，華正書局。

5. 《訓詁學概要》，林尹編著，正中書局。

二、史　部

（一）史地類

1. 《國語》，周・左丘明撰，里仁書局。

2. 《史記》，漢・司馬遷撰，鼎文書局。

3. 《舊唐書》，唐・劉昫等編撰，鼎文書局。

4. 《新唐書》，宋・歐陽修、宋祁等編撰，鼎文書局。

5. 《春秋戰國史話》，（未著作者），木鐸出版社。

6. 《春秋史》，民・童書業撰，開明書局。

7. 《中國歷史年表》，民・柏楊編撰，躍昇文化叢書。

8. 《春秋左氏傳地名圖考》，民・程發軔著，廣文書局。

（二）目錄類

1. 《直齋書錄解題》，宋・陳振孫著，廣文書局。

2. 《郡齋讀書志》，宋・晁公武著，廣文書局。

3. 《崇文總目》，宋・王堯臣著，廣文書局。

4. 《四庫總目提要》，清・乾隆時官修，漢京文化事業公司。

5. 《四庫提要辨證》，民・余嘉錫撰，漢京文化事業公司。

6. 《四庫書目續編》，民・孫耀卿。

7. 《增訂四庫簡明目錄標注》，清・郝懿辰撰，孫詒讓參校，世界書局。

8. 《版本通義》，清・錢基博撰，文星書局，文星集刊三。

9. 《書林清話》，清・葉德輝撰，世界書局。

10. 《經學辭典》，民・黃開國主編，四川人民出版社。
11. 《文史參考工具書指南》，民・陳社潮著，明文書局。

三、子　部

1. 《荀子集釋》，民・李滌生撰，學生書局。
2. 《老子探義》，民・王師淮撰，臺灣商務印書館。
3. 《困學紀聞》，宋・王應麟撰，臺灣商務印書館。
4. 《原抄本目知錄》，清・顧炎武撰，文史哲出版社。
5. 《東塾讀書記》，清・陳澧撰，廣文書局。
6. 《鄭堂讀書記》，清・周中孚撰，臺灣商務印書館。
7. 《讀書叢錄》，清・洪頤煊撰，廣文書局。
8. 《清儒學案新編》，民・楊向奎編，山東・齊魯書社。

四、集　部

1. 《寶綸堂文集》，清・齊召南撰，文海出版社。
2. 《東塾集》，清・陳澧撰，廣文書局。

五、其　他

1. 《六十年來之國學》，民・程發軔編，正中書局。
2. 《國學概論》，民・傅隸樸撰，中華叢書編審會。
3. 《經史子集概要》，民・顧薑臣撰，北京・中國書店（原書名《國學研究》，據西元 1930 年世界書局本影印）。
4. 《兩漢思想史》，民・徐復觀撰，學生書局。
5. 《海寧王靜安先生遺書》，民・王國維撰，臺灣商務印書館。
6. 《藏園群書經眼錄》，民・傅增湘撰，北京中華書局。

六、期刊、學位論文

（一）學位論文

1. 《穀梁范注發微》，王熙元著，臺灣師範大博士學位論文（嘉新研究論文第 270 種）。
2. 《春秋穀梁傳校證》，梁煌儀著，民國 67 年文化大學碩士學位論文。
3. 《春秋穀梁傳義例》，賴炎元著，民國 58 年 12 月慶祝林景伊先生六秩誕辰論文集。
4. 《春秋穀梁傳補注研究》，吳連堂撰，民國 76 年高雄師範大學碩士學位論

文。

5. 《春秋三傳性質之研究及其義例方法之商榷》，陳銘煌撰，民國 80 年 6 月，
   國立臺灣大學中國文學研究所碩士學位論文。

6. 《今存唐代經學遺籍考》，簡博賢撰，民國 59 年師大碩士學位論文。

7. 《春秋三傳之比較研究》，浦偉忠撰，文津出版社，大陸地區博士論文叢
   刊。

8. 《今存三國兩晉經籍考》，簡博賢撰，黎明文化事業公司。

9. 《孔穎達《周易正義》研究》，龔鵬程撰，民國 68 年 6 月臺灣國立師範大
   學國文研究所碩士論文。

（二）一般期刊論文

1. 《春秋穀梁傳條指》，清·江慎中，宣統國粹學報，第六十八至七十三期，
   商務印書館複印。

2. 《穀梁大義補闕跋》，民·柳詒徵，國風半月刊第五卷第十、十一期。

3. 《穀梁箋記》，徐震，國立武漢大學，文哲季刊 1941 年 10 月。

4. 《儒家群經的出版》，吳哲夫，國魂，五三○期，民國 79 年 1 月。

5. 《穀梁傳經特點尋繹》，薛安琴，遼寧師範大學，1990、1。

6. 《春秋穀梁傳評介》，梁煌儀，孔孟月刊，十八卷二期。

7. 《穀梁傳之著於竹帛及傳授源流考》，李曰剛，師大學報六期。

8. 《穀梁諱例釋義》，周何，教學研與研究十一期。

9. 《穀梁會盟例釋》，周何，高仲華先生八秩榮慶論文集。

10. 《穀梁朝聘例釋》，周何，中國學術年刊十期。

11. 《隋代經籍及義疏之學的探討》，李威熊，孔孟學報四十八期。

12. 《楊士勛及其《穀梁傳注疏》相關舊說考辨》，張寶三，第二屆唐代文化
    研究會，民國 83 年 10 月。

13. 《春秋穀梁傳阮氏校勘記補正》，田宗堯，孔孟學報八期，民國 53 年 9 月。